Michael Comay

Der Zionismus

Entstehung, Fakten, Hintergründe

Hänssler-Verlag
Neuhausen-Stuttgart

CIP-Kurztitelaufnahme der Deutschen Bibliothek

Comay, Michael:
Der Zionismus: Entstehung, Fakten, Hintergründe /
Michael Comay. – Neuhausen-Stuttgart: Hänssler, 1985.
  (Tagesfragen; Bd. 21)
  Einheitssacht.: Zionism, Israel and the
  Palestinian Arabs ‹dt.›
  ISBN 3-7751-0992-7
NE: GT

TAGESFRAGEN Band 21
Bestell-Nr. 57.321
© Copyright 1983 by Keter Publishing House Jerusalem Ltd.
P. O. Box 7145, Jerusalem, Israel
Originaltitel: Zionism, Israel and the Palestinian Arabs
überarbeitete Auflage
© Copyright 1985 by Hänssler-Verlag, Neuhausen-Stuttgart
Umschlaggestaltung: Daniel Dolmetsch
Gesamtherstellung: Ebner Ulm

Inhalt

Einleitung: Die UN-Resolution über den Zionismus . . 7

1. Wesen und Ursprung des Zionismus 9

2. Der Drei-Parteien-Konflikt in Palästina 18

3. Arabische Mythen über den Zionismus und Israel . . 39

4. Die Zukunft der palästinensischen Araber 80

5. Der Staat und die Diaspora 111

Anhang 118
Zeittafel 118
Karten 121

EINLEITUNG:

Die UN-Resolution über den Zionismus

Am 10. November 1975 verabschiedete die Vollversammlung der Vereinten Nationen eine Resolution, in welcher der Zionismus dem Rassismus gleichgesetzt wurde. Ziel der Einbringer der Resolution war es, den Staat Israel und die Bewegung, die zu seiner Entstehung führte, in Verruf zu bringen. Aus Resolution und Debatte waren Untertöne von Antisemitismus herauszuhören; einer der UN-Delegierten bezeichnete diesen zu Recht als »eine der ältesten und virulentesten Formen von Rassismus, die es je in der Geschichte der Menschheit gegeben hat«.

Die Mehrheit, die für die Resolution gestimmt hatte, bestand aus arabischen, moslemischen und kommunistischen Mitgliedstaaten und einigen Staaten der Dritten Welt, die in die arabische Einflußsphäre hineingezogen worden waren. Zu den Gegnern der Resolution gehörten sämtliche demokratischen Nationen des Westens. Ein Gefühl des moralischen und geistigen Abscheus durchzog die zivilisierte Welt. Juden in aller Welt fanden in ihrer Empörung zu einer neuen Solidarität.

Dies war nur eine der zahlreichen im politischen Propagandakrieg der Araber gegen Israel angenommenen Resolutionen. Warum löste sie eine derart heftige Reaktion aus? Nun, die Erinnerung an die sechs Millionen Juden war noch wach, die auf den Altären der rassistischen Götter der Nazis geschlachtet worden waren; es war ungeheuerlich, daß der Ruch des Rassismus ausgerechnet seinen Hauptopfern angehängt werden sollte. Was den Zionismus betrifft, so handelt es sich bei ihm um die älteste und bewegendste von allen nationalen Befreiungsbewegungen und um eine der schöpferischsten.

Seit jener schändlichen UN-Resolution erlebte der arabisch-israelische Konflikt dramatische Stunden. Der durch Präsident Sadats Besuch in Jerusalem im November 1977 in die Wege geleitete Friedensprozeß führte im September 1978 zu dem Camp-David-Abkommen und im März 1979 zu dem ägyptisch-israelischen Friedensvertrag. Diesem historischen Durchbruch war es bisher nicht vergönnt, sich zu einem umfassenden israelisch-arabischen Frieden weiterzuentwickeln. Eine Anzahl arabischer Staaten hat zusammen mit der PLO (»Palästinensische Befreiungsorganisation«) eine Ablehnungsfront gebildet, deren Ziel es ist, den Friedensprozeß zu blockieren. Sie führen, mit den Vereinten Nationen als Haupttribüne, eine weltweite diplomatische Propagandaoffensive gegen Israel.

Im Zuge der Aktion »Frieden für Galiläa« zerschlug die israelische Armee 1982 den »Staat im Staate« der PLO im Libanon und seine militärischen Stützpunkte. Dieser notwendige Akt der Notwehr wurde in der internationalen Presse unter erschreckender Verdrehung der Tatsachen und mit einer Unausgewogenheit wiedergegeben, die von einem kaum verhüllten Antisemitismus bestimmter Kreise eingegeben wurden. Nach diesen Erfahrungen ist es notwendiger denn je, die Öffentlichkeit über das Wesen und die Geschichte der zionistischen Bewegung und die Nationale Heimstätte der Juden, über die Frage der palästinensischen Araber sowie das Verhältnis zwischen dem Staat Israel und der jüdischen Diaspora aufzuklären. Dieses Buch gibt Antwort auf eine Reihe von relevanten Fragen zu den genannten Themen.

1. Wesen und Ursprung des Zionismus

Woher stammt die Bezeichnung »Zionismus«?

Der Name leitet sich von dem Berg Zion ab, einem der Hügel, auf denen Jerusalem erbaut wurde. Seit der Zeit der babylonischen Verbannung im 6. Jahrhundert v. Chr. war »Zion« der Inbegriff der Sehnsucht der Juden nach Rückkehr in ihr Heimatland. Mit unsterblichen Worten heißt es im 137. Psalm:

> An den Wassern zu Babel
> saßen wir und weinten,
> wenn wir Zions gedachten.

Die heutige Bezeichnung »Zionismus« wurde zum ersten Mal 1890 in einer hebräischen Zeitschrift verwendet.

Warum bezeichnen die Juden das Land Israel (im Hebräischen »Erez Israel«) als ihr Heimatland?

Die einleitenden Worte der Unabhängigkeitserklärung Israels aus dem Jahr 1948 lauten wie folgt:

> »Im Lande Israel entstand das jüdische Volk. Hier prägte sich sein geistiges, religiöses und politisches Wesen. Hier lebte es frei und unabhängig. Hier schuf es eine nationale und universelle Kultur und schenkte der Welt das ewige ›Buch der Bücher‹.«

Wie aus diesen Worten hervorgeht, war die Geburt Israels 1948 in Wirklichkeit eine »Wiedergeburt«. Die historische Beziehung zwischen dem jüdischen Volk und dem Land Israel reicht ungefähr 3800 Jahre bis in die Zeit der hebräischen Patriarchen Abraham, Isaak und Jakob zurück.

Ist der Anspruch des jüdischen Volkes auf seine Heimstätte nicht durch die neunzehn Jahrhunderte andauernde Besetzung durch andere verwirkt worden?

Zwischen 70 n. Chr. und 1948 gab es keinen unabhängigen Staat Israel. Vielmehr war das Land Teil umfassenderer Hoheitsgebiete in den Händen aufeinanderfolgender fremder Eroberer – der Römer, Byzantiner, Araber, Kreuzfahrer, Mamelucken und osmanischen Türken. Als die Araber die Mehrheit seiner Bewohner bildeten, wurde es einfach als der südliche Teil Syriens betrachtet, ohne besondere eigene politische, ethnische oder kulturelle Identität. Die Bezeichnung »Palästina« rührt von dem griechischen Wort für die Philister her, einem ägäischen Volk, das sich im 12. Jahrhundert v. Chr. in der südlichen Küstenebene Kanaans angesiedelt hatte. Unter der römischen Besatzung wurde Judäa mit diesem Namen bezeichnet; er verschwand vor vielen Jahrhunderten aus dem amtlichen Gebrauch.

Ein als »Palästina« bezeichnetes territoriales Gebilde wurde erneut nach dem Ersten Weltkrieg abgegrenzt und unter britisches Mandat gestellt. Das dazugehörende Gebiet hatte während des osmanischen Reichs drei Verwaltungseinheiten umfaßt: das Wilajet von Damaskus, das Wilajet von Beirut und den Sandschak (Unterbezirk) von Jerusalem. Die Trennungslinie zwischen Palästina unter britischem Mandat und Syrien-Libanon unter französischem Mandat wurde zwischen den beiden Mächten durch einen 1923 geschlossenen Vertrag festgelegt.

Während des ganzen Zeitraums zwischen dem Jahr 70 n. Chr. und der Neuzeit unterhielten die Juden eine ununterbrochene Verbindung zu dem, was für sie »Erez Israel« geblieben war. Zu allen Zeiten lebte dort eine jüdische Gemeinschaft und siedelten sich jüdische Gruppen an. Die Hoffnung auf eine allgemeine »Rückkehr« wurde in Prophezeiungen, Gebeten und Gedichten lebendig erhalten. Eine Woge der Begeisterung erfaßte die jüdische Welt jedesmal, wenn ein »falscher Messias« aufstand und verkündete, er sei vom Herrn gesandt worden, um sie in ihr eigenes Land zurückzuführen.

Welche Umstände im 19. Jahrhundert formten die jüdische Treue zu Erez Israel zu einer organisierten Nationalbewegung?

Im Europa des 19. Jahrhunderts waren die Juden dem Einfluß zweier machtvoller Kräfte ausgesetzt: dem modernen Antisemitismus und dem Nationalismus.

Es war allgemein angenommen worden, daß der von der Französischen Revolution ausgehende Geist des Liberalismus und der Toleranz zur Emanzipation aller unterdrückten Gruppen, einschließlich der Juden, führen würde. In Westeuropa rückte für die Juden die Erlangung der bürgerlichen Rechte, wirtschaftlicher Möglichkeiten und der gesellschaftlichen Anerkennung in der Tat rasch näher. Aber in den Jahren nach 1880 erlitt dieser Fortschritt einen Rückschlag durch einen häßlichen Antisemitismus, der seinen dramatischsten Ausdruck in der Dreyfus-Affäre fand, die 1894 in Frankreich zum Ausbruch kam.

In Osteuropa blieb die jüdische Emanzipation ein Traum. Vier Millionen Juden waren in dem russischen Ansiedlungsrayon, den Gebieten längs der Westgrenze Rußlands, zusammengedrängt. Sie lebten in menschenunwürdiger Armut, unterlagen strengen Einschränkungen und hatten unter Pogromen zu leiden. Gegen Ende des 19. Jahrhunderts schien sich für sie die Aussicht auf ein besseres Leben abzuzeichnen; diese wurde aber mit der Thronbesteigung des Zaren Alexander III. im Jahr 1881 brutal zunichte gemacht. Eine neue Welle antisemitischer Gesetze, Pogrome und Vertreibungen ging über sie dahin. Es begann eine Massenauswanderung aus dem Ansiedlungsrayon, hauptsächlich nach den Vereinigten Staaten. Einige Juden besannen sich auf ihr altes Heimatland.

Im 19. Jahrhundert wurde der Gedanke des unabhängigen Nationalstaates zu einer gewaltigen politischen Kraft. Er führte die Einigung Italiens und Deutschlands herbei und verbreitete gleichzeitig Unruhe und Aufruhr unter den Untertanenvölkern des zaristischen Rußlands, des österreichisch-ungarischen Kaiserreichs und des osmanischen Reichs. Es war unvermeidlich, daß die Juden, die sich seit altersher als völkische Gemeinschaft empfanden und eine Antwort auf ihre neuzeitlichen Probleme suchten, auch von nationalistischen Empfindungen erfaßt wurden. Das Hebräische, die heilige Sprache der Bibel, wurde durch eine ständig anwachsende weltliche Literatur zu neuem Leben erweckt. Gruppen junger Siedler verließen Rußland und Polen und zogen nach Israel. Mit der Hilfe von Baron Edmond de Rothschild aus Paris überdauerten ihre jungen Bauerndörfer die primitiven Lebensbedingungen, Krankheiten, das Räuberunwesen und die Repressalien einer korrupten und untüchtigen türkischen Verwaltung. Die Chibbat-Zion-Bewegung förderte diese Siedlungsbemühungen.

Schriftsteller wie Moses Hess (»Rom und Jerusalem«, 1862) und Leo Pinsker (»Auto-Emanzipation«, 1882) entwickelten eine nationale Lösung der jüdischen Frage. 1896 erschienen Schlußfolgerungen, die denen Pinskers ähnlich waren, in »Der Judenstaat«, verfaßt von Dr. Theodor Herzl, einem Wiener Schriftsteller und Journalisten, der von der Dreyfus-Affäre stark geprägt worden war. Im folgenden Jahr berief Herzl in Basel den Ersten Zionistischen Weltkongreß ein, wo unter seinem Vorsitz die Zionistische Bewegung gegründet wurde. Ihr grundlegendes Ziel wurde wie folgt formuliert: »Der Zionismus erstrebt für das jüdische Volk die Schaffung einer öffentlich-rechtlich gesicherten Heimstätte in Palästina.« Seinem Tagebuch vertraute Herzl an: »In Basel habe ich den Judenstaat gegründet... vielleicht in fünf Jahren, jedenfalls in fünfzig, wird es jeder einsehen.«

Wie suchte Herzl das Baseler Programm zu verwirklichen?

Herzl hatte wenig Vertrauen in die langsame, sich in kleinem Rahmen vollziehende zionistische Siedlungsarbeit der letzten beiden Jahrzehnte in Palästina. Nachdem er mit der Zionistischen Weltorganisation ein internationales Instrument geschaffen hatte, strebte er nach einem dramatischen politischen Durchbruch. Sein Ziel war eine formelle Charta von Sultan Abdul Hamid II., die Palästina für eine Masseneinwanderung jüdischer Flüchtlinge und eine von führenden jüdischen Bankiers in Westeuropa finanzierte, breitangelegte Entwicklung öffnen sollte. Dieser kühne und phantasievolle Plan sollte zu seinen Lebzeiten unerfüllt bleiben. Kontakte zu Beratern des

Sultans und eine persönliche Audienz bei dem Sultan selbst brachten keine Zusage. Als Anreiz stellte Herzl einen jüdischen Kredit zur Behebung der chronischen finanziellen Schwierigkeiten der Türkei in Aussicht; aber es wurde bald deutlich, daß die Mittel nicht verfügbar gemacht würden. Herzl versuchte auch, die Unterstützung Kaiser Wilhelms II. zu gewinnen. 1898 besuchte der Kaiser Konstantinopel und Jerusalem, und an beiden Orten empfing er den Zionistenführer und dessen Kollegen. Aber das ursprüngliche Interesse des deutschen Monarchen verflüchtigte sich bald. Herzl versuchte weiterhin fieberhaft, Unterstützung zu gewinnen, wo immer dies möglich erschien.

Was war der Uganda-Plan, und welche Lehre wurde daraus gezogen?

Großbritannien war die einzige Macht, die aktive Sympathie für den Zionismus und die drängenden Probleme der jüdischen Flüchtlinge aus Rußland zeigte. Da ihm eine Palästina-Charta verwehrt war, erreichte Herzl die britische Zustimmung zu dem Plan der Errichtung einer jüdischen Siedlung in El-Arish, an der Küste der Sinaihalbinsel, nahe der Grenze von Palästina. Das Gebiet stand unter britischer Kontrolle, da Großbritannien ein Protektorat über Ägypten ausübte. Aber das Vorhaben scheiterte, weil die Behörden in Ägypten sich weigerten, die Wasserversorgung aus dem Nil sicherzustellen.
1903 wurde die Weltöffentlichkeit erschüttert durch die Nachricht von einer neuen Welle blutiger Pogrome gegen die Juden in Rußland, die während der Osterwoche in Kischinew in Bessarabien ausgebrochen war. Die britische Regierung brachte in einem Schreiben des Kolonialministers Joseph Chamberlain an Herzl eine neue Anregung in die Diskussion. Es wurde vorgeschlagen, daß in Ostafrika ein geeignetes Gebiet für eine jüdische Kolonie mit örtlicher Autonomie gefunden werden sollte. Dieser Vorschlag stellte einen bedeutsamen Wendepunkt dar – handelte es sich doch um das erste offizielle Angebot einer Regierung an die Zionistische Bewegung. Zu Herzls Bestürzung erhob sich jedoch innerhalb der

Zionistischen Bewegung heftiger Widerstand dagegen, hauptsächlich seitens eben der russischen Juden, für deren mißliche Lage man sich von dem »Uganda-Plan« eine vorläufige Milderung erhoffte. Obwohl Herzl beteuerte, Uganda werde nur als »Nachtasyl« dienen, verwarfen seine Widersacher den Vorschlag als eine Abweichung vom zionistischen Hauptziel, nicht nur das jüdische Elend zu mildern, sondern die jüdische Eigenstaatlichkeit in dem alten Heimatland wiederherzustellen. Der Sechste Zionistische Kongreß im Jahr 1904 hat sich wegen dieser Frage bitter zerstritten. Einige Monate später starb Herzl an Überanstrengung und Überbelastung. Der Uganda-Plan verblaßte; die britische Regierung verlor ihr Interesse daran, und der Zionistische Kongreß verwarf ihn formell. Den endgültigen Todesstoß versetzte ihm der entmutigende Bericht einer Untersuchungskommission, die inoffiziell nach Ostafrika entsandt worden war.

Die aus dem Uganda-Plan zu ziehende Lehre war deutlich: Die Zionistische Bewegung bezog ihre Antriebskraft aus dem nationalen Gedanken, und diese Kraft konnte nur auf das Land Israel gelenkt werden. Dieser Punkt wurde durch die Erfahrungen der Jewish Territorial Organization (ITO) noch unterstrichen, die von einer Gruppe ins Leben gerufen worden war, welche sich von der Zionistischen Organisation abspaltete, als der Uganda-Plan endgültig abgelehnt wurde. Die ITO hatte sich zum Ziel gesetzt, anderswo als in Palästina ein autonomes jüdisches Siedlungsgebiet zu schaffen, da die Aussichten in Palästina hoffnungslos erschienen. In den folgenden Jahren erkundete die ITO Möglichkeiten in Surinam, in der Kyrenaika, im Irak, in Angola, Kanada, Honduras, Australien, Mexiko und Sibirien – aber aus alledem wurde nichts.

Wie veränderte sich die zionistische Politik nach dem Tod Herzls?

Während der ersten Jahre der Zionistischen Weltorganisation traten zwei Richtungen zutage: eine »politische« und eine »praktische«. Die von Herzl selbst geleitete und zunächst vorherrschende politische Schule räumte der Erlangung einer

Charta als Rahmen für umfassendere Siedlungs- und Entwicklungsvorhaben den Vorrang ein; solange dies nicht gewährleistet war, sah sie wenig Nutzen in den damals in Palästina in scheinbar so geringfügigem Umfang laufenden Arbeiten. Im Gegensatz hierzu wurde eine Anzahl russischer Delegierter in wachsendem Maße skeptisch in bezug auf Herzls Reisediplomatie, und sie hielten es für wesentlich, sich auf die überaus langsame und mühselige Pionierarbeit zu konzentrieren, die in der Zeit vor Herzl begonnen hatte. Nach Herzls Tod, als der Traum von der politischen Charta sich verflüchtigt hatte, verlagerte sich der Akzent auf diesen »praktischen Zionismus«. Auf dem Achten Zionistischen Kongreß 1907 prägte einer der jüngeren russischen Zionisten der praktischen Schule, Chaim Weizmann, einen neuen Begriff, den des »synthetischen Zionismus«. Er wies darauf hin, daß die politische und die praktische Betrachtungsweise nicht im Widerspruch zueinander stünden, sondern sich gegenseitig ergänzten. Die Bewegung sollte gleichzeitig diplomatische Kontakte zur Erleichterung der praktischen Arbeit entwickeln und sichtbare Fundamente eines künftigen politischen Status in Palästina schaffen. (In seiner Eigenschaft als Chemiker neigte Dr. Weizmann seiner Ausbildung und seinem Temperament nach dazu, Synthesen verschiedener Elemente herbeizuführen.)

Bis zum Ausbruch des Ersten Weltkriegs 1914 war der »Jischuw« (die jüdische Gemeinschaft in Palästina) auf 85 000 Personen angewachsen, mit einem festen Netz von Bauerndörfern (43), Städtezentren und kommunalen Einrichtungen. Die Balfour-Deklaration des Jahres 1917 wäre unrealistisch erschienen, wenn nicht in den davorliegenden Jahrzehnten im Land diese praktischen Leistungen vollbracht worden wären.

Welche besonderen Tendenzen innerhalb der Zionistischen Bewegung gaben der Jüdischen Nationalen Heimstätte eine charakteristische Prägung, abgesehen von der allgemeinen Tätigkeit der Bewegung als Ganzer?

Arbeiter-Zionismus

Im zaristischen Rußland wurden die Jugend und die Intellektuellen der unterdrückten jüdischen Minderheit in starkem Maße von sozialistischem Gedankengut angezogen. Viele unter ihnen schlossen sich dem »Bund« an, einer sozialistischen jüdischen Gruppe, die glaubte, daß die Judenfrage in Rußland sich durch eine marxistische Revolution lösen ließe. Der Bund war aus ideologischen Gründen anti-zionistisch. Andere Intellektuelle versuchten, die Ideale des Linkssozialismus mit dem zionistischen Nationalismus zu vereinbaren; durch die Rückkehr in ihr Heimatland würden die Juden auch zur produktiven Arbeit auf dem Acker und in der Fabrik zurückkehren, von der sie jahrhundertelang ausgeschlossen gewesen waren. In den Anfangsjahren der Zionistischen Organisation waren Nachman Syrkin und Ber Borochow die Hauptvertreter des Zionistischen Sozialismus. Dies war das Credo der jungen Pioniere der »zweiten Alijah«* wie David Ben-Gurion, die zu Beginn des 20. Jahrhunderts in Palästina eingewandert waren. Sie waren entschlossen, die »Arbeit zu erobern«, den Boden urbar zu machen, eine Arbeiterbewegung aufzubauen und eine egalitäre Gesellschaftsordnung zu fördern. Dank ihrer Hingabe und ihren Fähigkeiten wurde der Zionistische Sozialismus (oder Arbeiter-Zionismus) zur stärksten Kraft innerhalb der Zionistischen Bewegung, im Jischuw und schließlich im Staate Israel. Zu ihren Errungenschaften gehören das Bauerndorf vom »Kibbuz«-(Kollektiv-) und »Moschaw«-(Genossenschafts-)Typ, die »Histadrut« (Arbeiterbund), die Arbeiterpartei, die während der ersten drei Jahrzehnte das politische Leben Israels bestimmte, und die »Haganah«, die Selbstverteidigungsmiliz, die sich zur israelischen Armee weiterentwickelte.

---

*Alijah = Einwanderung nach Israel. Für die Zeit seit 1880 unterscheidet man fünf Alijahs (Einwanderungswellen), von denen die zweite 1904/05 begann.

Kultur-Zionismus

Einer der einflußreichsten Denker und Schriftsteller der Frühzeit der Zionistischen Bewegung war Ascher Ginsberg, der den Schriftstellernamen Achad Ha-Am (»Einer aus dem Volk«) angenommen hatte. Er kritisierte sowohl Herzls politische Zielsetzungen als auch die mageren Ergebnisse der praktischen Arbeit in Palästina. Was es zu erhalten gelte, sei die große nationale Kultur, die der Geist des jüdischen Volkes in Jahrtausenden hervorgebracht hatte. Er befürwortete die Schaffung eines kulturellen und geistigen Zentrums in Palästina für alle jüdischen Gemeinschaften der Diaspora. Achad Ha-Ams Ideen wurden unter der Bezeichnung »Kultur-Zionismus« bekannt.

Religiöser Zionismus

Im allgemeinen war die Reaktion der orthodoxen religiösen Kreise auf den Zionismus ablehnend. In Übereinstimmung mit den biblischen Prophezeiungen sollte mit der Rückkehr nach Zion bis zur Ankunft des Messias gewartet werden. Es war ketzerisch, wenn eine weltliche nationale Bewegung dem göttlichen Willen zuvorkommen wollte. Die theologischen Bedenken wurden von einer Gruppe religiöser Juden zurückgewiesen, die 1904 innerhalb der Zionistischen Organisation die Mizrachi-Partei gegründet hatten. Sie setzte sich zum Ziel, das überlieferte Judentum im Rahmen einer wiedererstandenen Heimstätte zu wahren. In Israel wird diese Tendenz vorwiegend von der Nationalreligiösen Partei vertreten, die als politische Fraktion in die Knesset (Parlament) eingezogen ist und meist an Koalitionskabinetten beteiligt wird. Mit Ausnahme einer winzigen radikalen Sekte akzeptieren und unterstützen heute alle orthodoxen Juden die rechtmäßige Staatlichkeit Israels.

2. Der Drei-Parteien-Konflikt in Palästina

Was war die Balfour-Deklaration?

Der Ausbruch des Ersten Weltkriegs im Jahre 1914 schien zunächst eine Katastrophe für den Zionismus anzukündigen. Die jüdische Gemeinschaft in Palästina erlitt akute wirtschaftliche Härten, Unterdrückung durch die türkischen Behörden und die Ausweisung aktiver Zionisten; die Zahl ihrer Mitglieder nahm ab. Als internationales Gremium, das zwischen den kriegführenden Mächten stand, war die Zionistische Organisation praktisch gelähmt, und sie konnte sich ihre Funktionsfähigkeit nur durch Verlegung ihres Sitzes von Berlin in das neutrale Kopenhagen erhalten.

Dr. Weizmann hatte sich in England niedergelassen; er wurde zu wissenschaftlicher Arbeit im Zusammenhang mit der Rüstungsproduktion herangezogen. Da die Türkei auf der anderen Seite im Kriege stand, war man sich im klaren darüber, daß im Falle eines alliierten Sieges sich die Frage der Zukunft Palästinas stellen würde. Mit der Hilfe zionistischer Kollegen und nichtjüdischer Freunde gewann Dr. Weizmann Unterstützung für die Anerkennung zionistischer Bestrebungen im Rahmen einer Nachkriegsregelung. Das Ergebnis dieser Bemühungen war die berühmte Balfour-Deklaration vom 2. November 1917, in Form eines Schreibens von Außenminister Arthur Balfour an Lord Rothschild. Es lautete wie folgt:

> »Ich habe das Vergnügen, Ihnen im Namen der Regierung Seiner Majestät die folgende, dem Kabinett unterbreitete und von ihm gebilligte Sympathie-Erklärung mit den jüdisch-zionistischen Bestrebungen zu übermitteln:
> ›Die Regierung Seiner Majestät steht der Errichtung einer Nationalen Jüdischen Heimstätte für das jüdische Volk in Palästina mit Wohlwollen gegenüber und will die Ausführung dieses Vorhabens nach Kräften erleich-

tern helfen, unter der ausdrücklichen Voraussetzung, daß nichts geschieht, was die bürgerlichen und religiösen Rechte der bereits in Palästina bestehenden nichtjüdischen Gemeinden oder die Rechte und den politischen Status der Juden in irgendeinem anderen Land beeinträchtigt.‹
Ich wäre Ihnen dankbar, wenn Sie diese Erklärung dem Zionistischen Bund zur Kenntnis bringen würden.«

Was war unter dem Begriff »Nationale Heimstätte für das jüdische Volk« zu verstehen?

Die Balfour-Deklaration befürwortete die zionistische These, daß die Juden ein eigenes Volk seien, Anspruch auf eine Nationale Heimstätte hätten und daß diese in dem Heimatland ihrer Vorväter errichtet werden sollte. Die genaue Form und der Status der vorgeschlagenen »Heimstätte« wurden offengelassen. Die Verfasser der Deklaration gingen davon aus, daß durch Einwanderung und Siedlung die Nationale Heimstätte sich zu gegebener Zeit zu einem unabhängigen Staat mit einer jüdischen Mehrheit entwickeln würde. Daß dies den ursprünglichen Erwartungen entsprach, wurde später von den beiden britischen Politikern bestätigt, die am unmittelbarsten betroffen waren – Lloyd George und Balfour; ebenso von Winston Churchill, der als Kolonialminister nach dem Krieg mit der Regelung im Nahen Osten befaßt war, und von dem südafrikanischen Staatsmann General Smuts, der zur Zeit der Veröffentlichung der Deklaration dem britischen Kriegskabinett angehört hatte. 1937 überprüfte die Königliche (Peel-)Kommission für Palästina die Fakten und kam zu dem gleichen Schluß.

In dem ursprünglichen Entwurf, der dem Kabinett von Lloyd George und Balfour unterbreitet worden war, hieß es, daß »Palästina zur Nationalen Heimstätte des jüdischen Volkes bestimmt werden sollte«. Diese Formulierung wurde seltsamerweise zur Beschwichtigung führender britischer Juden, insbesondere des Ministers für Indien, Edwin (späterer Lord) Montagu, abgemildert. Sie befürchteten, daß eine Anerkennung der jüdischen nationalen Bestrebungen die Loyalität des englischen Judentums in Frage stellen könnte. Der Wortlaut wurde umgeändert in »die Errichtung einer Nationalen Jüdischen Heimstätte ... *in* Palästina usw.« Der erste Entwurf bleibt von maßgeblicher Bedeutung für die Beantwortung der Frage, was den für die Deklaration verantwortlichen britischen Politikern vorgeschwebt hatte.

Welche Beweggründe hatten die britische Regierung dazu veranlaßt, die Balfour-Deklaration abzugeben?

Es gibt keine eindeutige Antwort auf diese Frage. Ein zur Stützung einer pro-zionistischen Politik angeführtes Argument lautete, daß ein freundlich gesinntes jüdisches Palästina zur Sicherung des Suezkanals beitragen und den britischen Interessen in einem strategisch wichtigen Gebiet dienen werde. Aber es gab Kabinettsminister und hochrangige Berater, die von diesem strategischen Argument nicht überzeugt waren.

Ein weiteres Argument besagte, daß man mit einer derartigen Deklaration in einer entscheidenden Phase des Krieges das Wohlwollen von Juden aus der ganzen Welt gewinnen könne. Die amerikanischen Juden, so wurde behauptet, würden den Eintritt der Vereinigten Staaten in den Krieg auf der Seite der Alliierten befürworten, während die russischen Juden dazu beitragen könnten, daß Rußland nach dem Sturz des Zarenregimes 1917 weiter im Krieg bleiben werde. Aber zum Zeitpunkt der Balfour-Deklaration, am 2. November 1917, kam diesen Erwägungen keine große Bedeutung mehr zu. Die Vereinigten Staaten waren bereits in den Krieg eingetreten, und es war unrealistisch, zu vermuten, daß die Gefühle der Juden in Rußland den Lauf der Ereignisse in diesem Land ernsthaft beeinflussen könnten. Alles in allem ist es unwahrscheinlich, daß der Appell an das britische Eigeninteresse an sich schon zur Balfour-Deklaration hätte führen können, besonders wenn man die starken Vorbehalte einiger Kabinettsmitglieder, den heftigen Widerstand einflußreicher Kreise der englisch-jüdischen Bevölkerungsgruppe und die kühle Antwort der britischen Alliierten Frankreich und Italien, bei denen in dieser Sache sondiert worden war, bedenkt.

Aller Wahrscheinlichkeit nach lag der entscheidende Faktor in den persönlichen und moralischen Überzeugungen der britischen Staatsmänner, welche die Deklaration gebilligt hatten. Balfour sah darin einen historischen Akt der Wiedergutmachung gegenüber dem hartgeprüften jüdischen Volk und eine Chance für dieses, seine großen Gaben in einer eigenen Heimat zu entfalten. Balfour war als sehr nüchtern und distanziert bekannt und nur in einer Frage emotional tief engagiert – für den Zionismus. Bei anderen, wie Lloyd George und Smuts, sprach die Idee einer Rückkehr der Juden ihren biblischen Glauben und ihren Sinn für Tradition an. Darüber hinaus empfand Lloyd George als Waliser instinktiv Mitgefühl mit diesem anderen kleinen Volk, das an seiner Identität festhielt. Auch für Lord Milner, ein Mitglied des kleinen Kriegskabinetts, ferner für den stellvertretenden Außenminister Lord Robert Cecil und für einige andere Angehörige des engeren Regierungskreises war die Unterstützung der Nationalen Jüdischen Heimstätte zu einer historischen Grundsatzfrage geworden und nicht nur eine Erwägung der Zweckdienlichkeit in Kriegszeiten.

War Palästina vor der Balfour-Deklaration bereits den Arabern versprochen worden?

In den Jahren 1915–16 führte der britische Hochkommissar in Ägypten, Sir Henry MacMahon, einen Schriftwechsel mit dem Scharifen (Herrscher) von Mekka, Hussein Ibn Ali, über die Frage der Gewährung der Unabhängigkeit an die Araber nach dem Krieg, falls sie die Alliierten während des Krieges gegen die Türken aktiv unterstützten. Die geographischen Grenzen des arabischen Gebiets, das die Unabhängigkeit erlangen sollte, wurden vage umrissen, ohne irgendeinen Hinweis auf Palästina. In einem Schreiben MacMahons wurde festgelegt, daß »Teile Syriens, die westlich der Bezirke von Damaskus, Homs, Hama und Aleppo liegen, nicht als rein arabisch bezeichnet werden können und außerhalb der geforderten Grenzen bleiben sollen«. Mit diesen Gebieten dürfte Palästina westlich des Jordans gemeint gewesen sein.

Nach dem Krieg behauptete weder Scharif Hussein noch sein Sohn, der Emir (und spätere König) Feisal, der Hauptsprecher der Araber auf der Pariser Friedenskonferenz, daß Palästina unter die Zusage MacMahons falle. Später erklärten arabische nationalistische Wortführer, die Balfour-Deklaration und das Mandat seien ungültig, da sie im Widerspruch zu früheren Zusagen an die Araber stünden.

In seiner Rede vor dem Unterhaus im Jahr 1922 bezog sich Winston Churchill in seiner Eigenschaft als Kolonialminister auf den Schriftwechsel MacMahons und erklärte: »Die Regierung Seiner Majestät hat stets die Auffassung vertreten – und wird dies weiterhin tun –, daß Palästina durch diese Klauseln von dem Anwendungsbereich ihrer Zusage ausgenommen ist.« MacMahon selbst schrieb 1937 an die Londoner »Times«: »Ich empfinde es als meine Pflicht, zu erklären – und ich tue dies entschieden und mit Nachdruck –, daß ich nicht die Absicht hatte, als ich König Hussein gegenüber diese Zusage machte, Palästina in das Gebiet mit einzubeziehen, für welches die arabische Unabhängigkeit zugesagt wurde. Ich hatte seinerzeit auch allen Grund zu der Annahme, die Tatsache, daß Palästina nicht in meine Zusage einbezogen war, sei von König Hussein wohl verstanden worden.«

Der Engländer, der den Führern des arabischen Aufstandes am nächsten stand, war Oberst T. E. Lawrence (Lawrence of Arabia). Er war Berater Churchills bei der Regelung des Jahres 1922, derzufolge Transjordanien (ein Teil des Palästina-Mandatsgebiets) von den Mandatsbestimmungen über die Jüdische Nationale Heimstätte ausgeschlossen und der Emir Abdullah, ein anderer Sohn Scharif Husseins, zu seinem Herrscher bestimmt wurde. Lawrence schrieb später: »Churchills Regelung der Jahre 1921–22 (an der ich beteiligt war) erfüllt in ehrenhafter Weise sämtliche Zusagen, die den Arabern gemacht wurden, jedenfalls soweit die sogenannten britischen Einflußsphären betroffen sind.«

Der Vorwurf, die britische Regierung habe während des Krieges widersprüchliche Zusagen an die Araber und die Juden hinsichtlich der künftigen Verfügung über Palästina gemacht, oder die Behauptung, dieses sei ein »zweimal verheißenes Land«, ist demnach völlig unbegründet.

Wie war die ursprüngliche Reaktion der Araber auf das Konzept der Jüdischen Nationalen Heimstätte?

Zunächst war eine freundliche Reaktion der Führer zu verzeichnen, die für die allgemeine arabische Sache eintraten. Zwei arabische Vertreter überbrachten einer am 2. Dezember 1917 im Covent Garden in London anläßlich der Veröffentlichung der Balfour-Deklaration veranstalteten zionistischen Massenkundgebung Glückwünsche. In Mekka begrüßte die Zeitung Scharif Husseins die versprochene Rückkehr der Juden nach Palästina und nannte diese »die ursprünglichen Söhne des Landes, von denen ihre arabischen Brüder materiellen ebenso wie geistigen Nutzen ziehen könnten«.

Im Mai 1918 unternahm Dr. Weizmann eine gefahrvolle Reise von Ägypten nach Akaba im südlichen Transjordanien, um mit dem Emir Feisal zusammenzutreffen, der die arabischen Guerilla-Aktionen gegen die Türken geleitet hatte. Die beiden Politiker sicherten sich gegenseitige Unterstützung zu. Ihre in London und Paris unter Vermittlung durch Oberst Lawrence fortgesetzten Kontakte führten zu einer schriftlichen Vereinbarung, die sie am 3. Januar 1919 unterzeichneten. Das Schriftstück bekräftigte die Balfour-Deklaration und forderte Maßnahmen zur Förderung einer großangelegten jüdischen Einwanderung und Ansiedlung in Palästina, unter der Voraussetzung, daß die Rechte der arabischen Bauern und Pächter geschützt würden. Bedingung war, daß Feisals Forderungen in bezug auf den arabischen Staat erfüllt werden sollten. Er kam schließlich zu dem Ergebnis, daß diese nicht erfüllt worden seien, aus Gründen, die mit den Zionisten nichts zu tun hatten. Interessant daran war die Tatsache, daß Palästina nicht zu dem Gebiet gehörte, für welches er die arabische Unabhängigkeit anstrebte, und daß er keine Bedenken gegen die Jüdische Nationale Heimstätte erhob. Diese Absprache wurde vor der Unterbreitung der zionistischen und arabischen Forderungen auf der Friedenskonferenz erzielt.

Zwei Monate später schrieb Feisal in Paris einen Brief an Felix Frankfurter, ein führendes Mitglied der amerikanischen zionistischen Delegation, der später zum Richter am Obersten Gericht der USA ernannt wurde. Dieses Schreiben vom 3. März 1919 verdient es, (auszugsweise) zitiert zu werden:

> Wir sind der Auffassung, daß Araber und Juden Vettern sind, die von Mächten, die stärker waren als sie selbst, ähnliche Unterdrückung erfuhren und durch einen glücklichen Zufall in der Lage waren, die ersten Schritte zur Verwirklichung ihrer nationalen Ideale gemeinsam zu unternehmen.
>
> Wir Araber, insbesondere die Gebildeten unter uns, betrachten die Zionistische Bewegung mit tiefster Sympathie... Wir setzen uns gemeinsam für Reform und Erneuerung im Nahen Osten ein, und unsere beiden Bewegungen ergänzen sich gegenseitig. Die jüdische Bewegung ist national und nicht imperialistisch, und Syrien bietet genug Raum für uns beide. Tatsächlich glaube ich, daß keine von beiden Bewegungen wirklich erfolgreich sein kann ohne die andere.

In dem Schreiben werden die auf der Friedenskonferenz eingebrachten zionistischen Vorschläge als »maßvoll und angemessen« bezeichnet.

Unglücklicherweise wurde das in diesen Schriftstücken bezeugte Einverständnis nicht von allen arabischen Landsleuten Feisals geteilt. 1920 stellten judenfeindliche Aufstände in Palästina die erste Runde im arabischen Kampf gegen die Jüdische Nationale Heimstätte dar.

Welche Bestimmungen enthielt das Palästina-Mandat?

Das Mandat wurde Großbritannien auf der Konferenz von San Remo im Jahr 1920 übertragen und 1922 von dem Rat des neu gegründeten Völkerbundes einstimmig ratifiziert.

In dem Mandat wurde erklärt, sein Hauptziel sei die Verwirklichung der Balfour-Deklaration. Es erkannte »die historische Bindung zwischen dem jüdischen Volk und Palästina und... die Gründe für die Wiedererrichtung seiner Nationalen

Heimstätte in diesem Land« an. Großbritannien als Mandatsmacht wurde die Verantwortung dafür übertragen, daß im Land »politische, administrative und wirtschaftliche Voraussetzungen geschaffen werden, die geeignet sind, die Errichtung der Jüdischen Nationalen Heimstätte zu gewährleisten«. Zu diesem Zweck sollten die jüdische Einwanderung erleichtert, eine dichte Ansiedlung von Juden im Land gefördert und »eine geeignete jüdische Vertretung« (»Jewish Agency«)* eingerichtet werden, mit der Aufgabe, die Palästina-Verwaltung zu beraten und mit ihr zusammenzuarbeiten. Das Hebräische wurde zusammen mit dem Englischen und dem Arabischen zu einer der Amtssprachen. Die Mandatsmacht wurde auch damit betraut, »die bürgerlichen und religiösen Rechte sämtlicher Bewohner Palästinas unabhängig von deren Rasse und Glaubenszugehörigkeit« zu gewährleisten.

Durch die Übernahme des Mandats war die Jüdische Nationale Heimstätte in Palästina nicht mehr nur eine Zusage, die in Kriegszeiten gemacht worden war; sie hatte vielmehr einen völkerrechtlich anerkannten Status erhalten und wurde ein fester Bestandteil der internationalen Ordnung der Nachkriegszeit unter der Schirmherrschaft des Völkerbundes.

Wie wurde das Mandatssystem im Nahen Osten allgemein gehandhabt?

Der Versailler Vertrag hatte nach dem Ersten Weltkrieg ein neues völkerrechtliches Konzept geschaffen, das Mandatssystem. Teile des Osmanenreichs und die überseeischen Besitzungen Deutschlands wurden der Verwaltung durch Mandatsmächte unter der Überwachung des Völkerbundes anvertraut. Die Mandate für Palästina und den Irak wurden Großbritannien, das für Syrien Frankreich übertragen.

Das syrische Mandatsgebiet wurde sofort in zwei Teile

---

*Die Jewish Agency for Palestine war 1922–1948 die Vertretung der Zionistischen Weltorganisation in Palästina. Sie beriet die britische Mandatsverwaltung und das jüdische Nationalkomitee. Seit der Errichtung Israels 1948 wirkt sie als Jewish Agency for Israel vor allem für die Einwanderung nach Israel.

geteilt, so daß der Libanon zu einem von Syrien unabhängigen Gebilde wurde. Dies geschah im Interesse der christlichen Libanesen, die sonst eine Minderheit in einem vorwiegend moslemischen Staat geworden wären.

Wie wurden die Vereinigten Staaten, die dem Völkerbund nicht beigetreten waren, in das Mandat für Palästina eingebunden?

In einem separaten, vom Senat im März 1928 ratifizierten britisch-amerikanischen Abkommen über das Palästina-Mandat billigten die Vereinigten Staaten das Mandat, und Großbritannien verpflichtete sich, seine Bestimmungen nur mit Zustimmung der USA zu ändern.

Hauptziel des Mandats war es, den einheimischen Bevölkerungen bei der Erlangung der Unabhängigkeit behilflich zu sein. Warum wurde dieser Grundsatz nicht auf die damalige Bevölkerung Palästinas angewandt?

Der allgemeine Grundsatz wurde auf die rein arabischen Gebiete angewandt, die von der Türkei übernommen und dem Mandat unterstellt wurden. So wurden Irak 1932, Syrien 1936, der Libanon 1941 und Transjordanien 1946 unabhängige arabische Staaten.

Darüber hinaus entstanden auch in Gebieten, die von den alliierten Siegern von der türkischen Herrschaft befreit, aber nicht unter das Mandatssystem gestellt wurden, eine Reihe arabischer Staaten. Zu diesen gehören Saudi-Arabien, Jemen, Kuweit, Bahrain, Oman, Katar und die Vereinigten Arabischen Emirate. Es gibt heute etwa zwanzig arabische Mitgliedstaaten in den Vereinten Nationen.

Es war von vornherein klar, daß Palästina angesichts der außergewöhnlichen Umstände, die für die anderen Mandatsgebiete nicht galten, ein Sonderfall war. Zunächst einmal war Palästina das Heilige Land des Judentums und der Christenheit, und es hatte auch eine religiöse Bedeutung für den Islam –

zumindest in Jerusalem. Vor allem aber war es das Land der Vorväter nur eines Volkes, der Juden, und die einzige Stätte, an der ihre nationalen Bestrebungen und ihr Bedürfnis nach einer Zuflucht erfüllt werden konnten. In der Präambel des Mandats ist die Rede von der »Wiedererrichtung«, nicht von der »Errichtung« der Jüdischen Nationalen Heimstätte, wodurch anerkannt wurde, daß Palästina das historische Land Israel war.

In Anbetracht dieser Tatsache nahm es die Völkergemeinschaft nicht hin, daß Palästina ein weiterer arabischer Staat werden sollte, nur weil die dort lebenden 700000 Araber damals die Mehrheit der Bevölkerung ausmachten. Sie waren nur ein winziger Bruchteil der viele Millionen zählenden arabischen Gesamtbevölkerung im Nahen Osten, die bald reichlich mit Souveränitätsrechten ausgestattet und zum Herrn weiter Gebiete gemacht werden sollte, im Vergleich zu denen Palästina – in Balfours Worten – nur ein »schmaler Saumpfad« war. Die bürgerlichen und religiösen Rechte der palästinensischen Araber wurden durch das Mandat voll und ganz gewährleistet und ihre wirtschaftliche Existenz gesichert. Was ihnen versagt wurde, war ein Vetorecht gegen eine Jüdische Nationale Heimstätte.

Wenn man sie nicht als eine Frage des absoluten Rechts oder Unrechts, sondern des angemessenen Ausgleichs zwischen den Forderungen und Bedürfnissen der verschiedenen Parteien betrachtet, waren die Balfour-Deklaration und ihre Verwirklichung im Palästina-Mandat moralisch gerechtfertigt. Die Parteien, deren Forderungen und Bedürfnisse es auszugleichen galt, waren nicht die damals in Palästina ansässigen arabischen und jüdischen Gruppen, sondern die arabische Nation und die jüdische Nation in ihrer Gesamtheit.

Auf welches Gebiet bezogen sich die Bestimmungen des Mandats über die Jüdische Nationale Heimstätte?

Ursprünglich handelte es sich um das gesamte Palästina-Mandatsgebiet zu beiden Seiten des Jordans. Auf die heutigen Verhältnisse übertragen, waren dies Israel in den Grenzen vor

1967, Jordanien, Judäa-Samaria (West Bank) und der Gaza-Streifen.

1921 gab es eine Krisensituation im Nahen Osten. Die Franzosen vertrieben Feisal aus Damaskus, wo er den Thron Syriens an sich gebracht hatte. Sein Bruder Abdullah führte eine Truppe bewaffneter Stammesgenossen vom Hedschaz in Arabien zu Feisals Unterstützung heran und war mit ihnen nach Transjordanien gelangt. In Palästina zettelten einheimische arabische Elemente 1920 und 1921 häßliche antijüdische Aufstände an, und der britische Hochkommissar, Sir Herbert Samuel, hatte die jüdische Einwanderung vorübergehend gestoppt. Höhere Beamte der Palästina-Verwaltung waren der Politik einer Jüdischen Nationalen Heimstätte nicht wohlgesonnen, und in London forderten Torykreise des rechten Flügels, Großbritannien solle das Mandat gänzlich aufgeben.

Der Kolonialminister Winston Churchill kam, um sich an Ort und Stelle mit dieser verzwickten Lage zu befassen. Das Ergebnis war, daß Feisal zum König von Irak anstatt von Syrien und Abdullah zum Emir von Transjordanien, das unter britischem Mandat blieb, gemacht wurde. Jetzt wurden die Mandatsbestimmungen über die Jüdische Nationale Heimstätte als auf Transjordanien nicht anwendbar erklärt und auf Westpalästina beschränkt. Dies bedeutete, daß beinahe fünf Siebtel des Mandatsgebiets der jüdischen Einwanderung und Besiedlung verschlossen waren und ausgeklammert wurden, um später zu einem weiteren arabischen Staat zu werden.

Als weitere Konzession gegenüber den Arabern machte Churchills Weißbuch aus dem Jahr 1922 die jüdische Einwanderung nach Westpalästina abhängig vom Kriterium der »wirtschaftlichen Aufnahmefähigkeit«; diese sollte jeweils von der Mandatsverwaltung festgelegt werden.

Das Weißbuch hatte auch einen positiven Aspekt: es bestätigte die Balfour-Deklaration und betonte, daß die Juden von Rechts wegen in Palästina und dort nicht nur geduldet seien.

In einer Rede vor dem Unterhaus im Mai 1939 verteidigte Churchill die Regelung von 1922 mit Nachdruck. Er sagte: »In weiten Gebieten, die von Arabern bewohnt werden, sind unabhängige arabische Königreiche und Fürstentümer entstanden, wie die arabische Geschichte sie nie zuvor gekannt hat.

Einige wurden von Großbritannien, andere von Frankreich errichtet. Als ich diesen Bericht 1922 schrieb, wurde ich unter anderem von Oberst Lawrence, dem aufrichtigsten Verfechter der arabischen Rechte, den die Neuzeit je gekannt hat, beraten. Er hat seine Meinung zu Papier gebracht, daß die Regelung angemessen und gerecht sei – dies war seine endgültige, wohlerwogene Meinung. Gemeinsam haben wir Emir Abdullah in Transjordanien eingesetzt, wo er bis zum heutigen Tag uns in Treue verbunden und erfolgreich ist. König Feisal wurde auf den Thron des Irak erhoben... Aber wir zeigten uns auch stets entschlossen, der Verwirklichung der Jüdischen Nationalen Heimstätte, getragen von einer fortgesetzten jüdischen Einwanderung nach Palästina, alle Türen offen zu lassen.«

Warum hat sich trotz der Konzessionen, die den Arabern in der Regelung von 1922 gemacht wurden, der Konflikt in Palästina verschärft?

Die Geschichte Palästinas in der Mandatszeit war nicht immer nur turbulent. Es gab längere Zeiträume, in denen das Land relativ friedlich lebte. Sowohl die jüdische als auch die arabische Bevölkerung nahmen an Umfang zu. Weitgehend dank jüdischer Entwicklungstätigkeit und jüdischer Kapitalinvestitionen stieg der Lebensstandard aller Einwohner. Aber der unterschwellige Zielkonflikt blieb ungelöst. Die Führung der palästinensischen Araber wurde bald von einer radikalen Gruppe beherrscht, an deren Spitze der Mufti von Jerusalem, Hadsch Amin el Husseini, stand, der seine gemäßigteren Rivalen beseitigte oder einschüchterte. Der arabische Widerstand gegen die zionistische Einwanderung und deren Landkäufe verhärtete sich. Die britische Einstellung zur Politik einer Jüdischen Nationalen Heimstätte war bestenfalls halbherzig, in bestimmten Kreisen sogar feindlich.

Nach sieben ruhigen Jahren löste 1929 ein Ausbruch arabischer Gewalttätigkeit in Jerusalem wegen der jüdischen Gebetsausübung an der Westmauer (Klagemauer) Unruhen im ganzen Land aus. Als die Ordnung wiederhergestellt war, waren 133 Juden getötet und weitere 100 verletzt worden. Es

folgten drei amtliche Untersuchungsausschüsse und Berichte –
ein internationaler zur Frage der Westmauer, der Shaw-Bericht über die Unruhen und der Hope-Simpson-Bericht über wirtschaftliche Fragen.

1930 gab die britische Regierung das Passfield-Weißbuch heraus (der damalige Kolonialminister war Lord Passfield, der frühere Sidney Webb). Darin wurde versucht, die Politik der Balfour-Deklaration rückgängig zu machen sowie die jüdische Einwanderung und Landbesiedlung drastisch einzuschränken. Das Weißbuch wurde im britischen Parlament und von der Presse scharf angegriffen, worauf sein Inhalt in einem Schreiben von Premierminister Ramsay MacDonald an Dr. Weizmann abgeschwächt wurde. In dem Brief wurde anerkannt, daß die Zusagen für eine Jüdische Nationale Heimstätte nicht nur den in Palästina lebenden Juden, sondern dem gesamten jüdischen Volk gemacht worden waren. Es wurde zugesagt, daß die Einwanderung keinen politischen Beschränkungen unterworfen werden würde.

Diese teilweise Zurücknahme hatte eine unvorhersehbare Bedeutung. 1933 kam Hitler in Deutschland an die Macht, und im Laufe der nächsten Jahre konnte Palästina fast 80000 deutsch-jüdische Flüchtlinge aufnehmen.

Welche Vorschläge machte die Peel-Kommission, und wie wurden sie von den Konfliktparteien aufgenommen?

1936 wurde das Land von den Anhängern des Mufti erneut in blutige Unruhen gestürzt. Weitere britische Truppen wurden nach Palästina entsandt, um der Rebellion Herr zu werden. Ihnen folgte eine Royal Commission (Königliche Kommission) unter der Leitung von Lord Peel. Sein Bericht enthielt eine klassische Analyse des Konflikts und war gekennzeichnet durch ein tiefes Verständnis für alle daran Beteiligten. Die Kommission kam zu dem Schluß, der jüdische und der arabische Standpunkt seien zu weit voneinander entfernt, als daß sie innerhalb eines einzigen Landes miteinander in Einklang gebracht werden könnten; das Mandat lasse sich nicht erfüllen. Die empfohlene Lösung war radikal: eine Dreiteilung in einen kleinen jüdischen Staat, einen größeren arabischen Staat und eine Fortführung des britischen Mandats über das Gebiet von Jerusalem-Bethlehem, mit einem Korridor zum Meer. Es wurde angeregt, daß der vorgeschlagene arabische Staat mit Transjordanien fusionieren könne.

Die zionistische Führung nahm den Peel-Bericht mit gemischten Gefühlen entgegen. Der vorgeschlagene jüdische Staat würde winzig sein und keine Verbindung zu Jerusalem und zum Negev haben. Der größere Teil Westpalästinas wäre der jüdischen Besiedlung verschlossen, wie Transjordanien 15 Jahre zuvor. Aber eine fortgesetzte jüdische Einwanderung war lebenswichtig geworden, und der einzige Weg, sie zu gewährleisten, schien die Errichtung eines unabhängigen Staates, wenn auch nur in einem Teil des Landes, zu sein. In seiner Aussage vor der Peel-Kommission hatte Dr. Weizmann in grausam prophetischer Ahnung von den sechs Millionen Juden in Ost- und Mitteleuropa gesprochen, »für welche die Welt aus Gebieten besteht, in denen sie nicht leben können, und Gebieten, die sie nicht betreten dürfen«. Schweren Herzens erklärte sich die Jewish Agency bereit, Peels Vorschläge als Diskussionsgrundlage anzunehmen.

Die Führer der palästinensischen Araber lehnten die Vorschläge glattweg ab. Als ihr Wortführer vor der Peel-Kommission hatte der Mufti eine völlige Einstellung der jüdischen Einwanderung und Landkäufe und die Errichtung eines weiteren arabischen Staates in ganz Westpalästina gefordert.

Dieser Alles-oder-Nichts-Standpunkt der Araber sollte im Zusammenhang mit dem Teilungsplan der UNO von 1947 erneut eine Rolle spielen; er wird heute noch von der »Palästinensischen Befreiungsorganisation« (PLO) vertreten, unter der dünnen Tünche eines »demokratischen, säkularen Staates«. Die Peel-Kommission stellte klar, welches die echte Kernfrage war, um die es im israelisch-arabischen Konflikt ging. Es ging nie – und geht auch heute nicht – um die Frage einer nationalen Selbstbestimmung der palästinensischen Araber. Der Streitpunkt war und ist weiterhin die Anerkennung seitens der Araber auf das *jüdische* Recht einer nationalen Selbstbestimmung in Palästina.

Unterließ es die Zionistische Bewegung, die arabischen Reaktionen zu berücksichtigen und sich um eine Verständigung zwischen Arabern und Juden zu bemühen?

Zunächst war man in zionistischen Kreisen der Auffassung, die greifbaren Vorteile für die einheimischen Araber würden diese der Jüdischen Nationalen Heimstätte gegenüber versöhnlich stimmen. Dieser Glaube, der von der zunächst positiven Reaktion Feisals und anderer arabischer Führer genährt wurde, erwies sich als übertrieben optimistisch.

Im Laufe der Mandatszeit unternahmen verantwortungsbewußte Zionistenführer ernsthafte Anstrengungen, um Kontakte mit gemäßigten arabischen Führern aufzunehmen und mit ihnen zusammenzuarbeiten. Ein Geflecht persönlicher Beziehungen und wirtschaftlicher Bande entwickelte sich zwischen den beiden Gemeinschaften, aber in Richtung auf eine politische Verständigung hin wurden wenige Fortschritte erzielt. Zu den Gründen hierfür gehörten u.a. ein Mangel an Entschlossenheit in der britischen Politik und der Unmut feudaler und reaktionärer arabischer Kreise gegen die fortschrittlichen zionistischen Ideen. Entscheidend war jedoch das Anwachsen des Nationalgefühls unter den palästinensischen Arabern und die Furcht der gemäßigten Araber vor Vergeltungsmaßnahmen des radikalen Flügels des Mufti. Wiederholte Annäherungsversuche der Zionisten in Richtung auf einen gangbaren Modus vivendi blieben von arabischer Seite unbeantwortet. Es wurde klar, daß für einen zionistisch-arabischen Ausgleich ein unannehmbarer Preis zu zahlen gewesen wäre: die völlige Aufgabe des Plans der Jüdischen Nationalen Heimstätte.

1936 unterbreitete der Vorstand der Zionistischen Organisation der Peel-Kommission Vorschläge, die auf dem Grundsatz beruhten, daß keiner der beiden Bevölkerungsteile über den anderen herrschen oder von diesem beherrscht werden sollte, und zwar unabhängig von der jeweiligen zahlenmäßigen Stärke. Man hoffte, unter diesen Voraussetzungen den Arabern die jüdische Einwanderung schmackhafter machen zu können. Die arabische Reaktion darauf war völlig negativ.

Die Erfahrung des Brith Schalom (Friedensbundes) war hier lehrreich. Es handelte sich um eine kleine Gruppe namhafter jüdischer Intellektueller, darunter Dr. Judah Magnes (Präsident der Hebräischen Universität von Jerusalem) und der berühmte Philosoph Professor Hugo Bergmann. Gegenüber der offiziellen zionistischen Politik kritisch eingestellt, waren sie bereit, die Hoffnung auf einen unabhängigen jüdischen Staat aufzugeben und sogar einer Existenz als jüdische Minderheit in einem binationalen Staat zuzustimmen, um einen Konflikt mit den Arabern zu vermeiden. Ihre Bemühungen, das arabische Interesse für dieses Mindestprogramm zu erwecken, führten zu keinem Ergebnis. Ein prominenter Zionist, Dr. Arthur Ruppin, hatte sich zunächst dem Brith Schalom angeschlossen, bis er Dr. Magnes schrieb: »Was für einen Sinn hat es, unter uns Zustimmung zu erzielen, wenn es von der anderen Seite keine gibt?«

Ha-Schomer Ha-Zair, eine linksgerichtete Gruppe innerhalb der zionistischen Arbeiterbewegung, befürwortete ebenfalls einen binationalen arabisch-jüdischen Staat als Grundlage für eine Zusammenarbeit; auch diese Gruppe stieß auf keine positive Reaktion der Araber.

Wie kam es zu dem Palästina-Konflikt zwischen Großbritannien und den Juden?

Die arabische Ablehnung vereitelte den Teilungsplan Peels aus dem Jahr 1937. Von diesem Zeitpunkt an distanzierte sich Großbritannien immer mehr von der Zusage an das jüdische Volk, welche die Grundlage des Palästina-Mandats gebildet hatte. Gegen Ende der dreißiger Jahre standen der wachsenden Aggressivität der Diktaturen Hitlers und Mussolinis die Schwäche und Beschwichtigungspolitik der westlichen Demokratien gegenüber. Der Geist von München* verschonte auch den Nahen Osten nicht. Deutschland und Italien unternahmen einen politischen und propagandistischen Vorstoß, um die arabischen Länder für sich zu gewinnen. Großbritannien versuchte, diesem Vordringen der Achsenmächte u. a. dadurch

---
*Gemeint ist das Münchener Abkommen vom 29.9.1938 über die Abtretung der sudetendeutschen Gebiete an Deutschland, ein Höhepunkt der Beschwichtigungspolitik gegenüber Hitler.

entgegenzuwirken, daß es die Politik einer Jüdischen Nationalen Heimstätte aufgab. Das Weißbuch aus dem Jahr 1939 sah vor, daß Palästina nach einer zehnjährigen Übergangszeit ein unabhängiger arabischer Staat werden sollte mit einer jüdischen Minderheit, die ein Drittel der Gesamtbevölkerung nicht übersteigen sollte. Die jüdische Einwanderung wurde auf jährlich 15000 Einwanderungsgenehmigungen, für eine Dauer von fünf Jahren, beschränkt.

Die Ständige Mandats-Kommission des Völkerbundes erklärte, daß das Weißbuch nicht im Einklang mit den Mandatsbestimmungen stehe – aber dem Völkerbund war nicht mehr viel Autorität übriggeblieben.

In den Augen der Zionistischen Bewegung stellte das Weißbuch einen zynischen Verrat in einer Zeit größter Gefahr für die europäischen Juden dar. Die verzweifelte Zwangslage, in der sich die Juden befanden, war auf der 1938 auf Initiative von Präsident Roosevelt zur Koordinierung der Hilfsmaßnahmen für die Flüchtlinge aus dem nazistischen Europa in Evian einberufenen Konferenz deutlich hervorgetreten. Vertreter von 31 Regierungen nahmen an ihr teil. Sie alle brachten ihre Anteilnahme zum Ausdruck, aber fast alle bedauerten, daß sie aus dem einen oder anderen Grund nicht in der Lage seien, deutsche Juden aufzunehmen. Auf Betreiben Großbritanniens wurde Palästina nicht in die Tagesordnung aufgenommen, und Dr. Weizmanns Antrag, gehört zu werden, wurde abgelehnt. Das praktische Ergebnis der Konferenz war unbedeutend. Einige Einwanderungsgenehmigungen wurden von den Vereinigten Staaten, Australien und der Dominikanischen Republik zur Verfügung gestellt, was auch ohne internationale Zusammenkunft hätte geschehen können. Unterdessen blieb Palästina für Flüchtlinge praktisch verschlossen.

Die Zionistische Bewegung und die jüdische Gemeinschaft in Palästina beschlossen, das Weißbuch mit sämtlichen ihnen verfügbaren Mitteln zu bekämpfen. Bereits 1938 wurde mit der »illegalen« Flüchtlingsbewegung von Europa nach Palästina begonnen, der Rettungsaktion, die die Bezeichnung »Alijah Beth« (Einwanderungswelle B) erhielt.

Welche Wirkung hatte das Weißbuch aus dem Jahr 1939 auf die Erlangung der jüdischen Unabhängigkeit?

Das Weißbuch erweckte den Eindruck, die Hoffnung auf die jüdische Unabhängigkeit müsse für alle Zeiten begraben werden. Tatsächlich entstand der jüdische Staat jedoch jetzt viel früher, als es sonst geschehen wäre.

Der britisch-jüdische Konflikt wurde während des Zweiten Weltkriegs ausgesetzt, als das jüdische Palästina sein ganzes Gewicht in den gemeinsamen Kampf gegen Nazi-Deutschland warf. Nach dem Krieg waren die Juden bitter enttäuscht, als die neugewählte Labour-Regierung in Großbritannien unter Premierminister Attlee und Außenminister Ernest Bevin an der Politik des Weißbuches festhielt.

Eine Viertelmillion jüdischer Überlebender der Nazi-Massaker lebten als »Displaced Persons« (DPs) in Übergangslagern, meist in Deutschland. Sie wollten nicht in den Ländern bleiben, in denen ihre Angehörigen ermordet worden waren, und anderswo fanden sie keine Aufnahme. Ganze Schiffe voller »Illegaler« – eben dieser Überlebenden – versuchten nach Palästina zu kommen. Die meisten von ihnen wurden von der Royal Navy abgefangen und in britischen Internierungslagern auf Zypern festgehalten. In Palästina wurde der Versuch unternommen, den jüdischen Widerstand mit militärischen Mitteln niederzuschlagen. Eine britisch-amerikanische Untersuchungs-Kommission, die 1946 eingesetzt wurde, machte Großbritanniens Schwierigkeiten nicht leichter, sondern noch schwerer, als Präsident Truman eine Empfehlung für die Ausstellung von 100 000 Einwanderungserlaubnissen für DPs unterstützte und die britische Regierung sie ablehnte. Da sie nichts mehr zu verlieren hatten, forderten die Zionistenführer die Beendigung der britischen Herrschaft und die Schaffung eines jüdischen Staates. In dieser Sackgasse wandte sich Großbritannien an die Vereinten Nationen. Das Ergebnis war der UN-Teilungsplan aus dem Jahre 1947, das Ende des Mandats und die Proklamation des Staates Israel im Mai 1948.

Welche Lösung schlugen die Vereinten Nationen für die Palästinafrage vor?

Zu Beginn des Jahres 1947 brachte Großbritannien die Frage der »künftigen Regierung Palästinas« vor die Vereinten Nationen, die am Ende des Krieges als Nachfolger des erloschenen Völkerbundes entstanden waren.

Ein Sonderkomitee der Vereinten Nationen für Palästina (UNSCOP) wurde zur Untersuchung der Frage eingesetzt. Es bestand aus Vertretern von elf Mitgliedstaaten aus verschiedenen Regionen, von denen keiner unmittelbar am Konflikt beteiligt war und zu denen keine Großmacht mit ständigem Sitz im Sicherheitsrat gehörte. Die Mitglieder waren (in alphabetischer Reihenfolge) Australien, Guatemala, Indien, Iran, Jugoslawien, Kanada, Niederlande, Peru, Schweden, die Tschechoslowakei und Uruguay.

UNSCOP führte an Ort und Stelle die umfassendsten Ermittlungen durch, welche die Vereinten Nationen jemals in irgendeinem politischen Streitfall angestellt haben. Man kam zu der einmütigen Schlußfolgerung, daß das Mandat beendet und den beiden Gemeinschaften nach einer kurzen Übergangszeit die Unabhängigkeit gewährt werden sollte. Die drei Mitglieder, die der arabischen Seite am günstigsten gesinnt waren – Indien, Iran und Jugoslawien –, brachten eine Empfehlung zur Schaffung je eines halbautonomen jüdischen und arabischen Staates im Rahmen einer föderativen Struktur ein. Die Mehrheit des Komitees war jedoch der Ansicht, es gebe nicht soviel Gemeinsamkeiten zwischen den beiden Völkern, daß sie fähig wären, sich einen Staat zu teilen, und sei es auch auf bundesstaatlicher Grundlage. Der Vorschlag der Mehrheit befürwortete einen getrennten jüdischen und arabischen Staat mit dem Bezirk Jerusalem als internationaler Enklave. Diese Staatswesen sollten zu einer Wirtschaftsunion unter einer gemeinsamen Verwaltung zusammengefaßt werden; in der Praxis bedeutete dies, daß der jüdische Staat den arabischen Staat subventionieren sollte. Nicht ein einziges Mitglied des UNSCOP unterstützte die arabische Forderung, wonach Palästina ein einheitlicher arabischer Staat mit einer jüdischen Minderheit werden sollte.

Auf der Vollversammlung der UNO vom 29.11.1947 wurde

ein auf den Vorschlag der Mehrheit der Kommission beruhender Teilungsplan mit 33 Stimmen gegen 13 bei 10 Enthaltungen verabschiedet. Die Heftigkeit und der kompromißlose Ton der arabischen Reden überzeugte unentschlossene Delegationen davon, daß ein binationaler oder föderativer Staat nicht funktionieren würde, und der Vorschlag der Minderheit im UNSCOP-Bericht wurde nicht einmal formell eingebracht. Die arabische Forderung, wonach ganz Palästina zu einem einzigen Staat mit einer arabischen Mehrheit werden sollte, wurde in Form einer getrennten Resolution unterbreitet. Sie erlitt eine deutliche Niederlage, da nur 12 Mitglieder dafür stimmten (fast alle arabischen und moslemischen Staaten), 29 dagegen und 14 sich enthielten.

Der arabischen Hoffnung, den Teilungsplan blockieren zu können, versetzte die Tatsache einen ernsten Schlag, daß der Plan sowohl bei der Sowjetunion als auch bei den Vereinigten Staaten Unterstützung fand. Im Lichte der Rolle, welche die Sowjetunion in späteren Jahren im Nahen Osten spielte, ist es interessant, sich der Erklärungen zu erinnern, die der sowjetische Außenminister Andrej Gromyko während der Debatten im Jahr 1947 abgegeben hat. Er sprach von den historischen Wurzeln sowohl des jüdischen als auch des arabischen Volkes in Palästina, von dem schrecklichen Leiden der Juden im nationalsozialistischen Europa und von dem tragischen Schicksal hunderttausender heimatloser Überlebender, die in DP-Lagern festgehalten würden. Die jüdischen Bestrebungen in bezug auf Palästina seien »verständlich und durchaus gerechtfertigt«. Er wies die Behauptung zurück, der Teilungsplan richte sich gegen die Araber oder stelle eine Ungerechtigkeit gegen sie dar. »Dieser Beschluß richtet sich gegen keine der beiden Volksgruppen, die Palästina bewohnen. Ganz im Gegenteil, er entspricht den fundamentalen Interessen beider Völker...«

Wie wurde der UN-Teilungsplan von den unmittelbar betroffenen Konfliktparteien aufgenommen?

In den Augen der zionistischen Führung wies der Plan große Mängel auf. Der vorgeschlagene jüdische Staat sollte aus drei voneinander getrennten Gebieten bestehen mit Grenzen, die praktisch nicht zu verteidigen waren. Jerusalem, das Herz der jüdischen Geschichte und des jüdischen Glaubens, war ausgeschlossen. Aber es war nun einmal eine Tatsache, daß das Mandat zusammengebrochen war; von seiner Fortführung war nichts anderes zu erwarten als die Verlängerung eines leidvollen Kampfes gegen Großbritannien. Die Notwendigkeit, der freien Einwanderung die Tür zu öffnen, war überaus groß geworden und konnte nur von einem unabhängigen jüdischen Staat erfüllt werden, wie klein er auch sein mochte. Die Zionistische Bewegung nahm den Vorschlag daher als den bestmöglichen Kompromiß an. Man hoffte, die arabische Seite würde staatsmännisch genug sein, um ihn in dem gleichen Geiste zu akzeptieren und dazu beitragen, ihn auf der Grundlage arabisch-jüdischer Zusammenarbeit zu verwirklichen.

Diese Hoffnung trog. Die palästinensisch-arabische Führung und die arabischen Staaten lehnten den Beschluß der Vereinten Nationen nicht nur ab, sondern schickten sich an, ihn mit Gewalt zunichte zu machen. Großbritannien kündigte an, da die Araber der Teilung nicht zugestimmt hätten, werde die Mandatsregierung bei ihrer Durchführung nicht mitwirken und das Mandat zum 15. Mai 1948 niederlegen.

Die Geschichte hatte sich wiederholt. Wie im Fall des Peel-Berichts 1937 wurde das Angebot eines unabhängigen Staates für die palästinensischen Araber abgelehnt, weil dies zugleich die jüdische Unabhängigkeit in einem Teil Palästinas bedeutet hätte.

3. Arabische Mythen über den Zionismus und Israel

Die arabische Propagandamaschinerie hat versucht, den Zionismus und Israel durch die Verbreitung einer Reihe von Mythen in Verruf zu bringen. Es wird behauptet, daß:

Die Israelis fremde Eindringlinge seien.
Israel sich nicht in den arabischen Nahen Osten integriert habe.
Der Zionismus gleichbedeutend mit Kolonialismus sei.
Die zionistischen Einwanderer die ortsansässigen Araber vertrieben hätten.
Israel ein aggressiver Staat sei.
Israel expansionistisch sei.
Der Zionismus gleichbedeutend mit Rassismus sei.
Israel die Einwohner besetzter Gebiete unterdrücke.
Die arabische Minderheit in Israel diskriminiert werde.
Die Juden in arabischen Ländern gut behandelt würden.
Israel nicht lebensfähig sei.
Israel von der Dritten Welt abgelehnt werde.

Die Tatsachen zeigen, wie unbegründet diese Behauptungen sind.

Der Mythos von den fremden Eindringlingen

Sind die Israelis Eindringlinge im arabischen Nahen Osten?

Diese Frage unterstellt, daß der Nahe Osten eine ausschließlich arabische Domäne sei und daß Nichtaraber Eindringlinge seien. Diese Annahme ist falsch (siehe die nächste Frage).

Die Juden waren bereits 1 800 Jahre lang vor der arabischen Eroberung im 7. Jahrhundert n. Chr. eine Nation im Nahen Osten. Von den biblischen Zeiten an bis zur Gegenwart lebten

Juden im Land Israel, und der Zionismus entstand als eine Bewegung der Rückkehr in ein Heimatland, nicht als Landnahme Fremder. Die Hälfte der israelischen Juden bzw. deren Eltern wanderten aus arabischen Ländern ein.

Wenn die Araber zugäben, daß die Juden uralte Wurzeln im Land haben, würde es einfacher, die psychologischen Hürden auf dem Weg zum Frieden zu überwinden.

Ist der zionistische Staat nicht ein Fremdkörper, wie die mittelalterlichen Königreiche der Kreuzfahrer, und wird er sich nicht auf die gleiche Weise auflösen?

Nach jedem fehlgeschlagenen Versuch, Israel mit Gewalt zu zerschmettern, verweisen arabische Wortführer auf den Präzedenzfall der Kreuzfahrerreiche, die zwei Jahrhunderte lang bestanden und dann verschwanden. Es wird behauptet, die Zeit arbeite für die arabische Seite. Solange es auch immer dauern werde – die Zionisten würden hinausgeworfen, wie im Fall der Kreuzfahrer geschehen. Diese Analogie mag tröstlich für die arabischen Gemüter sein, sie ist aber wirklichkeitsfremd.

Im Rückblick läßt sich sagen, daß die Kreuzfahrer die erste Bewegung europäischer kolonialer Expansion waren. Französische, englische und deutsche Ritter erwarben Fürstentümer und Ländereien im Heiligen Land und der umliegenden Region. Aber sie wahrten ihre Bande zu den europäischen Ländern, aus denen sie kamen und in die sie schließlich wieder zurückkehrten. Für die zionistischen Siedler dagegen vollzog sich die »Rückkehr«, als sie ihre Heimat im Land Israel erreichten. Israel ist kein Kreuzfahrerreich, sondern ein integraler und ständiger Bestandteil der nahöstlichen politischen Landschaft, der eine vieltausendjährige Geschichte im Nahen Osten in sich schließt.

Der Mythos von der Nicht-Integration

Was ist unter »Integration in die arabische Umwelt« zu verstehen?

Im Lauf seiner ganzen Geschichte war der Nahe Osten ein Mosaik verschiedener Völker, Kulturen und Religionen. Er ist keine homogene arabische Region, sondern umfaßt Türken, Iraner, Israelis, Kurden, Armenier, Drusen und andere Völker – von denen einige in eigenen, unabhängigen Staaten, andere als Minderheiten in arabischen Staaten leben.

Die Araber selbst sind ebenfalls nicht homogen. Es gibt unter ihnen eine große Vielfalt an ethnischen Ursprüngen, Überlieferungen, Regierungssystemen, wirtschaftlichen Entwicklungsstufen, Bildungsstufen, politischen Orientierungen und sogar arabischen Dialekten. Ferner befinden sich alle arabischen Gesellschaften im Übergang; sie wurden während fast zwei Jahrhunderten in unterschiedlichem Maße von westlichen Gedanken und Lebensformen beeinflußt. Es kann von Israel nicht erwartet werden, daß es seinen eigenen, vorwiegend jüdischen Charakter und seine Werte sowie seine ausgeprägt demokratische Lebensform aufgibt, um sich dem verschwommenen Begriff einer »arabischen Umwelt« anzupassen.

Was versteht Israel unter »Integration«?

Israel hat seine eigene Vorstellung von Integration. Die Völker der Region sollen ihre eigene Persönlichkeit und ihre eigenen Ziele wahren, aber miteinander durch Grenzen verbunden sein, die den offenen Austausch von Menschen und Waren ermöglichen, ferner durch gemeinsame Entwicklungsvorhaben und kulturellen, technologischen und wissenschaftlichen Austausch. Derartige Beziehungen wären in einem Klima des Friedens natürlich und fruchtbar. Sogar ohne politische Regelungen entwickelten sich seit 1967 tägliche Kontakte und Zusammenarbeit zwischen Israel und mehr als einer Million palästinensischer Araber in Judäa und Samaria sowie im Gaza-

Streifen, und indirekt mit Jordanien über die Jordanbrücken hinweg.

Der Normalisierungsprozeß mit Ägypten, in Ausführung des Friedensvertrags, ist nur langsam angelaufen, vor allem wegen Ägyptens Bemühungen, seine Bindungen zur übrigen arabischen Welt wiederherzustellen. Immerhin bestehen diplomatische Beziehungen, und es wurden erste Kontakte im wirtschaftlichen, kulturellen und persönlichen Bereich angeknüpft.

Der zwischen Israel und dem Libanon im Gefolge der Aktion »Frieden für Galiläa« des Jahres 1982 geschlossene Vertrag enthält nicht nur Sicherheitsregelungen und Bestimmungen über den Rückzug der Streitkräfte, sondern auch Ansatzpunkte für normale Beziehungen zwischen den beiden Ländern, wie Regelungen über den grenzüberschreitenden Personen- und Warenverkehr.

So wurden in den letzten Jahren deutliche Fortschritte beim Abbau der Isolierung Israels innerhalb der Region und bei der Verwirklichung seines Konzepts von Integration mit den arabischen Nachbarn erzielt.

Der Mythos vom Kolonialismus

Ist der Zionismus ein Ableger des westlichen Kolonialismus?

Der Zionismus hat mit Kolonialismus nichts gemeinsam. Die zionistischen Siedler in Palästina kehrten in ihr Heimatland zurück, sie kamen nicht als die Vertreter einer Kolonialmacht.

Wie die Anhänger jeder kleinen und um ihre Existenz ringenden nationalen Befreiungsbewegung strebten die Zionistenführer von Anfang an danach, die Sympathie und Unterstützung von Großmächten zu gewinnen, die in der Lage waren, ihnen zu helfen. Herzl wandte sich zunächst an den türkischen Sultan, weil Palästina zum osmanischen (türkischen) Reich gehörte. Er bemühte sich auch um die Unterstützung des Deutschen Kaisers. Diese Kontakte machten ihn aber nicht zu einem türkischen oder deutschen Imperialisten.

War der Zionismus das Produkt des britischen Imperialismus?

Die moderne zionistische Besiedlung in Palästina begann um das Jahr 1880, und die Zionistische Organisation wurde 1897 als internationales Gremium gegründet – beides lange bevor Großbritannien die jüdischen Bestrebungen in Palästina durch die Balfour-Deklaration 1917 öffentlich unterstützte. Das Palästina-Mandat beruhte nicht auf einseitiger britischer Bindung, sondern auf einer unter der Schirmherrschaft des Völkerbundes eingegangenen internationalen Verpflichtung. Die letzten Jahre der Mandatszeit waren durch einen harten Kampf der Zionistischen Bewegung und der jüdischen Gemeinschaft in Palästina um die Unabhängigkeit gegen die britische Herrschaft über Palästina geprägt. Obwohl sich Großbritannien 1947 selbst an die Vereinten Nationen gewandt hatte, weigerte es sich, den UN-Beschluß durchzuführen, weil die Araber ihn nicht angenommen hatten. Israel rief seine Unabhängigkeit gegen den Willen Großbritanniens aus, das den neuen Staat in den ersten acht Monaten nicht einmal »de facto« anerkennen wollte.

Im Lichte dieser Tatsachen ist es eine Geschichtsklitterung, zu behaupten, wie arabische Wortführer es tun, die Zionistische Bewegung sei von Großbritannien zur Verfolgung seiner imperialistischen Ziele gegründet worden. Dennoch sind die britische Anteilnahme und Unterstützung für die zionistische Sache in ihrem Anfangsstadium eine unbestrittene Tatsache, für die Israel stets dankbar bleibt.

Steht Israel unter der Herrschaft des amerikanischen »Imperialismus«?

Die Vereinigten Staaten sind die Führungsmacht der freien Welt, zu der auch Israel gehört. Zwischen den beiden Ländern bestand seit dem Beginn von Israels Eigenstaatlichkeit ein besonderes Verhältnis. Ihnen sind die demokratische Lebensform und die Sorge um die menschlichen Freiheiten, die Pioniererfahrungen und der Aufbau einer Nation aus Einwanderergruppen gemeinsam. Die Heilige Schrift hat einen tiefen

Einfluß auf die geistige und kulturelle Tradition Amerikas ausgeübt; und den Amerikanern schien es historisch gerechtfertigt, daß das »Volk des Buches« erneut im Land der Bibel siedeln sollte. Diese Bindungen werden durch das Vorhandensein einer umfangreichen und tätigen jüdischen Gemeinschaft in den Vereinigten Staaten verstärkt.

Es ist nicht überraschend, daß Israel in seiner Entwicklung und bei der Aufnahme der Masseneinwanderung von jeder amerikanischen Regierung und vom Kongreß ebenso wie von der jüdischen Gemeinschaft in Amerika Hilfe und Ermutigung zuteil wurden.

Die amerikanisch-israelischen Beziehungen müssen auch im Gesamtzusammenhang des Nahost-Konflikts gesehen werden. Dieses Problem gewann durch das sowjetische Eindringen in die Nahostregion seit 1954 eine neue und alarmierende Dimension. Der sowjetische Vorstoß wurde gefördert durch eine politische Begünstigung der arabischen Staaten und die Gewährung von Militärhilfe in breitem Umfang an diese Staaten, besonders an Ägypten, Syrien und den Irak. Bei ihren Bemühungen, dieser sowjetischen Expansion zu begegnen, strebten die Vereinigten Staaten danach, das Rüstungsgleichgewicht in der Region sicherzustellen und Israels Abschreckungspotential aufrechtzuerhalten. Der amerikanische Einsatz für Israels Sicherheit und Überleben angesichts der durch sowjetische Waffenlieferungen genährten arabischen Feindseligkeit wurde durch die Luftbrücke während des Jom-Kippur-Krieges eindrucksvoll unterstrichen. Die amerikanische Diplomatie setzt sich aktiv für die Friedenssuche im Nahen Osten ein. Ein wesentlicher Faktor im Blick auf dieses Ziel ist die Erkenntnis der arabischen und sowjetischen Führung, daß der Einsatz der Amerikaner für Israels Sicherheit ungeschmälert bleibt.

Israel hat keinen formellen Sicherheitspakt mit den Vereinigten Staaten geschlossen. Weder wurden je amerikanische Truppen für die Verteidigung Israels eingesetzt, noch gibt es amerikanische Stützpunkte oder Militäranlagen auf israelischem Boden. In dieser Hinsicht zum Beispiel unterscheiden sich die Beziehungen der Vereinigten Staaten zu Israel von denen zu ihren NATO-Verbündeten. Jedoch ist das amerikanisch-israelische Verhältnis vom Geiste eines informellen, starken und freundschaftlichen Bündnisses geprägt. Gelegentlich mag es zu Meinungsverschiedenheiten über die Art und Weise kommen, wie eine Regelung zu treffen sei, aber dadurch werden die grundlegende Wesensverwandtschaft zwischen den beiden Nationen oder ihre gemeinsamen Ziele nicht überschattet. Ihr Verhältnis ist weit davon entfernt, irgendwie als »imperialistisch« gelten zu können.

Der Mythos von den vertriebenen Arabern

Wie stark war das Heilige Land unter der Türkenherrschaft bevölkert?

Palästina ging aus der osmanischen Herrschaft als ein rückständiges, vernachlässigtes und fast menschenleeres Land hervor. Reisende, die das Heilige Land im 19. Jahrhundert besuchten, haben seine trostlose Landschaft, die Armut und die Krankheiten, mit denen seine Einwohner ihr Leben dahinfristeten, und das weit verbreitete Räuberunwesen beschrieben. Seine Einwohnerzahl mag damals bis auf 300 000 gesunken sein, einen Bruchteil der Einwohnerschaft in den biblischen Zeiten. 1967 besuchte der berühmte amerikanische Schriftsteller Mark Twain das Land und beschrieb es als ein »hoffnungsloses, ödes, gepeinigtes Land«.

Wurde durch die zionistische Besiedlung die einheimische arabische Bevölkerung vertrieben?

Die zionistische Besiedlung in dem osmanisch beherrschten Palästina leitete eine wirtschaftliche Blüte ein, aus der die arabische Bevölkerung ebenfalls Nutzen zog. Zu Beginn der Mandatszeit zählte diese beinahe 700 000 Personen. Während des Mandats führte die jüdische Einwanderung und Wirtschaftsentwicklung zu einem schnellen Anwachsen der arabischen Bevölkerung. Gleichzeitig war eine deutliche Steigerung des arabischen Einkommens-, Gesundheits- und Bildungsniveaus zu verzeichnen – zum Teil durch den unmittelbaren

Einfluß der zionistischen Aktivität, teilweise über die von der Verwaltung, hauptsächlich von der jüdischen Gemeinschaft, erhobenen Steuergelder, die für öffentliche Dienstleistungen weitgehend zugunsten der rückständigeren und weniger selbständigen arabischen Gemeinschaft ausgegeben wurden.

Amtlichen Statistiken zufolge hat sich die arabische Bevölkerung zwischen den beiden Weltkriegen knapp verdoppelt; dies bedeutet, daß sie zahlenmäßig stärker anstieg, als die Gesamtzahl der jüdischen Einwanderung im gleichen Zeitraum ausgemacht hatte. Ein Teil dieses Zuwachses war auf den Zuzug von Arabern aus den umliegenden Ländern zurückzuführen, die von den besseren Beschäftigungsmöglichkeiten, höheren Löhnen sowie der besseren medizinischen und schulischen Versorgung in Palästina angezogen wurden. Diese arabischen Einwanderer überquerten die Grenzen meist illegal ohne Genehmigung oder Anmeldung. Nach zuverlässigen Schätzungen betrug die Zahl der Arbeitnehmer, die auf diese Weise in das Land kamen, mindestens 60 000. Nach 1948 gab die UNRWA (UN Relief and Works Agency) an, daß ein Teil der bei ihr gemeldeten palästinensischen arabischen Flüchtlinge nicht ständige Bewohner Palästinas gewesen, sondern aus anderen Gegenden eingereist seien.

Innerhalb des Landes nahm die arabische Bevölkerung in der Nähe der jüdischen städtischen und ländlichen Siedlungen zu, während sie in den rein arabischen Gegenden stagnierte oder abnahm. Bis 1939 war die arabische Bevölkerung in Jerusalem um 97 Prozent gewachsen, in Jaffa (angrenzend an Tel Aviv) um 134 Prozent und in Haifa um 216 Prozent. Während der gleichen Zeit gab es eine nur relativ geringfügige Steigerung in den rein arabischen Städten Nablus, Jenin, Bethlehem, Hebron und Gaza. Die Peel-Kommission berichtete 1937: »Das Anwachsen der arabischen Bevölkerung ist am stärksten in den jüdischen Entwicklungsgebieten.«

Die Kommission stellte ebenfalls fest, daß der »breite Zustrom jüdischen Kapitals nach Palästina sich allgemein fruchtbringend auf das Wirtschaftsleben im ganzen Land ausgewirkt hat... Der Ausbau der arabischen Industrie und Zitrusfrüchteplantagen wurde weitgehend aus diesem Kapital finanziert... Das jüdische Beispiel hat viel zur Verbesserung der arabischen Anbaumethoden beigetragen«.

Wie steht es mit der Frage der Bauern ohne Grundbesitz?

Ein Hauptargument der Araber war, daß durch jüdische Landkäufe aus der Hand abwesender Grundbesitzer tausende arabischer Bauern von ihrem Grund und Boden vertrieben worden seien. Genauere Untersuchungen ergaben, daß diese Behauptung stark übertrieben war. Es gab nur einige hundert derartiger Fälle, und in jedem einzelnen wurden Entschädigungen geleistet oder Ersatzpachtland gefunden. Mehr als 90 Prozent des für jüdische Siedlungszwecke angekauften Bodens war unbebaut – sumpfige Flächen oder steinige Bergabhänge. Für diese Landflächen wurden Wucherpreise bezahlt, und weitere enorme Summen mußten für ihre Erschließung aufgewandt werden.

Wem gehörte das Land?

Eine weitere arabische Behauptung war die, daß der Staat Israel auf einem Gebiet errichtet wurde, das zu 95 Prozent in arabischem Besitz war. Die tatsächlichen Zahlen stellen sich nach Quellen der früheren palästinensischen Verwaltung wie folgt dar: neun Prozent des Bodens gehörte Juden; drei Prozent Arabern, die in Israel blieben und die israelische Staatsbürgerschaft annahmen; 17 Prozent war aufgegebenes arabisches Land; und die restlichen 71 Prozent waren Staatsländereien, die in das Eigentum der Mandatsregierung und anschließend in das des Staates Israel übergingen.

Die israelische Regierung hat sich jederzeit bereit erklärt, als Teil einer vereinbarten Regelung des arabischen Flüchtlingsproblems einen Beitrag zu einer Entschädigung für das aufgegebene arabische Land zu leisten, unter Berücksichtigung des Eigentums, das aus arabischen Ländern stammenden jüdischen Flüchtlingen, die in Israel neu angesiedelt wurden, im Wege der Beschlagnahme entzogen oder von ihnen aufgegeben wurde. Keine arabische Regierung hat einen Ausgleich für dieses jüdische Eigentum angeboten.

Der Mythos von der israelischen Aggression

Welche Seite war verantwortlich für die wiederholten jüdisch-arabischen Kriege?

In jedem einzelnen Fall spricht die Wiedergabe der Tatsachen für sich selbst.

Der Krieg 1948–49. Während der UN-Debatten über Palästina im Jahr 1947 erklärten arabische Wortführer, sie würden zur Gewalt schreiten, falls der Teilungsbeschluß angenommen werde. Im Oktober des gleichen Jahres wurde auf einem Geheimtreffen arabischer Führer beschlossen, einen Aufstand der Araber in Palästina zu unterstützen und am Ende des Mandats mit den regulären Streitkräften der arabischen Staaten in das Land einzumarschieren.

Unmittelbar nach der Verabschiedung des Teilungsbeschlusses vom 29. November 1947 wurde in Palästina eine arabische Terrorwelle ausgelöst, der in der ersten Woche 105 Juden zum Opfer fielen. In den folgenden Monaten provozierten arabische Freischärler im ganzen Land Unruhen, führten bewaffnete Angriffe gegen jüdische Siedlungen und unternahmen Überfälle auf jüdische Konvois auf den Straßen. Eine »Palästinensische Befreiungsarmee« wurde über die libanesische Grenze geschickt und führte Aktionen in Galiläa durch.

Am 16. Februar 1948 berichtete die UN-Kommission für Palästina dem Sicherheitsrat, daß »starke arabische Interessen innerhalb und außerhalb Palästinas sich der Resolution der Vollversammlung widersetzen und sich entschlossen darum bemühen, die darin vorgesehene Regelung mit Gewalt umzustoßen«.

Am 16. April 1948 erklärte der Vorsitzende der Hochkommission für Palästina, Jamal Husseini, vor dem Sicherheitsrat: »Der Vertreter der ›Jewish Agency‹ sagte mir gestern, nicht sie seien die Angreifer, sondern die Araber hätten mit den Kampfhandlungen begonnen. Dies streiten wir nicht ab. Wir haben der ganzen Welt angekündigt, daß wir kämpfen würden.«

Die israelische Unabhängigkeitserklärung vom 14. Mai 1948 enthält die beiden folgenden Absätze:

> »Wir wenden uns – selbst inmitten der mörderischen Angriffe, denen wir seit Monaten ausgesetzt sind – an die in Israel lebenden Araber mit dem Aufruf, den Frieden zu wahren und sich aufgrund voller bürgerlicher Gleichberechtigung und entsprechender Vertretung in allen provisorischen und permanenten Organen des Staates an seinem Aufbau zu beteiligen.
> Wir bieten allen unseren Nachbarstaaten und ihren Völkern die Hand zum Frieden und guter Nachbarschaft und rufen sie zur Zusammenarbeit und gegenseitigen Hilfe mit dem selbständigen jüdischen Volk in seiner Heimat auf. Der Staat Israel ist bereit, seinen Beitrag bei gemeinsamen Bemühungen um den Fortschritt des gesamten Nahen Ostens zu leisten.«

Am nächsten Tag stand der junge Staat den Armeen Ägyptens, Syriens, Jordaniens und Iraks gegenüber, die die Grenzen überschritten und aus verschiedenen Richtungen nach Israel einmarschierten. Nach dreiwöchigen heftigen Kämpfen kam durch die Vereinten Nationen eine einmonatige Waffenruhe zustande. Als Israel sich mit ihrer Verlängerung einverstanden erklärte und die arabischen Staaten sich dem widersetzten, stellte der Sicherheitsrat zum ersten Mal in seiner Geschichte fest, daß dieser Zustand eine Bedrohung des Friedens darstelle und erließ eine bindende Anordnung zur Feuereinstellung, unter Andeutung der Möglichkeit von Sanktionen gegen die arabischen Staaten, falls sie nicht Folge leisteten. Der Krieg ging dennoch weiter und endete erst mit dem Waffenstillstand vom 3. 6. 1949.

Der israelisch-ägyptische Krieg des Jahres 1956. Im Sinai-Feldzug 1956 handelte Israel in Notwehr gegen Ägypten. Das Nasser-Regime hatte eine Welle mörderischer »Fedajin«-Anschläge (Terroristen) im Herzen Israels gegen seine Zivilbevölkerung ausgelöst. Der südlichste Hafen Israels, Eilat, wurde durch ägyptische Geschütze, die die Meerenge von Tiran beherrschten, ständig blockiert. Von der Sowjetunion voll ausgerüstete ägyptische Streitkräfte wurden längs der israelischen Grenzen, in der Sinai-Halbinsel und im Gaza-Streifen zusammengezogen. Ägypten schloß militärische Bündnisse mit Syrien und Jordanien, die vereinigten Truppenverbände wurden ägyptischem Oberkommando unterstellt. Kriegerische arabische Äußerungen schwirrten durch den Äther. Israel war eingekreist und befand sich in Lebensgefahr. Im Oktober 1956 durchbrach es die immer enger werdende Umklammerung und vertrieb die ägyptischen Truppen aus der Sinai-Halbinsel und aus dem Gaza-Streifen. Zur gleichen Zeit landeten britisch-französische Expeditionstruppen in Port Said, als Reaktion auf Nassers Griff nach dem Suezkanal, einer lebenswichtigen internationalen Wasserstraße.

Einige Monate später zog die israelische Regierung ihre Streitkräfte zurück, nachdem sie vergebens gefordert hatte, daß die Vereinten Nationen Friedensverhandlungen einleiten sollten. Dennoch führte der israelische Sieg zu mehreren positiven Ergebnissen: Die unmittelbare Bedrohung der israelischen Sicherheit war vorläufig gebannt; der Golf von Akaba wurde für die Schiffahrt Israels und anderer Länder geöffnet; und eine UN-Bereitschaftstruppe (UNEF) wurde längs der ägyptischen Grenze zu Israel stationiert.

Der Sechs-Tage-Krieg 1967. Im Mai 1967 stürzten die arabischen Staaten unter ägyptischer Führung den Nahen Osten erneut in eine Krise. Nasser zog eine Armee von 80000 Mann und 900 Panzern an der israelischen Grenze zusammen, vertrieb die UN-Truppe und kündigte eine erneute Blockade des Golfs von Akaba und der Meerenge von Tiran an. In einer Rede vom 26. Mai erklärte er der arabischen Welt: »Wir haben den geeigneten Tag, an dem wir voll gerüstet und zuversichtlich sein würden, abgewartet... die Besetzung von Scharm-el-Scheikh bedeutet die Konfrontation mit Israel. Mit dieser Aktion zeigen wir, daß wir bereit sind, einen Krieg mit Israel zu beginnen. Es handelt sich nicht um eine isolierte Aktion. Es wird zu einem allgemeinen

Kampf kommen, und unser Hauptziel ist die Vernichtung Israels.«

In Abstimmung mit Ägypten bereitete Syrien einen Angriff auf Israel aus nordöstlicher Richtung vor. Jordanien schloß sich dem Bündnis am 30. Mai an, der Irak am 4. Juni. Truppenkontingente aus Algerien, Marokko, Saudi-Arabien und Kuweit wurden entsandt. Der UN-Sicherheitsrat erwies sich als unfähig, der Krise Herr zu werden, und keine außenstehende Macht war bereit, sich einzuschalten. Israel begegnete dem sich zusammenziehenden Sturm allein und ohne Hilfe. Am Morgen des 5. Juni begannen die Kampfhandlungen; Luftangriffe gegen die feindlichen Flugplätze ebneten den Weg für Israels Sieg.

Der Abnützungskrieg von 1969–70. Bis 1969 waren die ägyptischen Streitkräfte durch massive sowjetische Hilfe neu aufgebaut worden und verfügten am Suez-Kanal über ein hochmodernes russisches Fliegerabwehrsystem, das auch massierte Stellungen von Sam-Raketen der neuesten Bauarten umfaßte. Nasser fühlte sich stark und geschützt genug, um die Waffenruhe zu brechen und begrenzte Feindseligkeiten wieder aufzunehmen. Dieser Zermürbungskrieg zog sich 17 Monate lang hin. Er wurde durch eine neue Waffenruhe erst beendet, als die israelische Luftwaffe die Fähigkeit zur Überwindung des Raketengürtels, zur Zerschlagung der ägyptischen Stellungen und Verbindungswege sowie zur Beherrschung des Luftraums über Ägypten entwickelt hatte.

Der Jom-Kippur-Krieg vom Oktober 1973. Jedermann weiß, daß Präsident Sadat von Ägypten und Präsident Assad von Syrien sechs Monate zuvor beschlossen hatten, Krieg zu führen, und daß ihre Armeen am Tag der Versöhnung, dem höchsten Feiertag des jüdischen Jahres, gleichzeitig zu einem Überraschungsangriff losschlugen.

Aus dieser Darstellung geht deutlich hervor, daß die arabischen Regierungen vom israelischen Unabhängigkeitskrieg 1948–49 bis zum Jom-Kippur-Krieg 1973 immer wieder versuchten, ihren Konflikt mit Israel durch Waffengewalt auszutragen.

Aktion »Frieden für Galiläa« 1982. Dieser Krieg wurde zwar auf libanesischem Boden, aber nicht gegen den Libanon selbst und nur zufällig gegen im Libanon stationierte syrische Truppen geführt, als diese in die Kampfhandlungen eingriffen. Israel verfolgte einzig und allein das Ziel, die Bedrohung durch die PLO zu beseitigen, die sich dem libanesischen Volk aufgedrängt hatte und libanesischen Boden als Basis für Angriffe gegen Israel benutzte. Israel strebt normale, freundschaftliche Beziehungen zum Libanon an und ist bereit, seine Streitkräfte zurückzuziehen, vorausgesetzt, daß besondere Sicherheitsvereinbarungen getroffen werden und auch die syrischen Streitkräfte und die noch verbleibenden PLO-Terroristen das Land verlassen. Diese Haltung kommt im israelisch-libanesischen Vertrag zum Ausdruck, der am 17. Mai 1983 unterzeichnet wurde.

Der Mythos vom Expansionismus

Ist der Zionismus eine expansionistische Macht?

In einem ihrer ungezügelten rhetorischen Höhenflüge behauptet die arabische Propaganda, die Zionistische Bewegung strebe danach, die gesamte Region »vom Euphrat bis zum Nil« in ihre Gewalt zu bekommen. Ein solcher phantasievoller Plan würde die Unterwerfung eines halben Dutzends arabischer Staaten mit einer Bevölkerung von mehr als 80 Millionen bedeuten. Die Wahrheit ist, daß das zionistische Ziel der Wiedererrichtung der jüdischen nationalen Heimstätte nie ein anderes Gebiet kannte als das historische Land Israel.

1922 stimmte die Zionistische Organisation dem Ausschluß Transjordaniens vom jüdischen Siedlungsgebiet zu. Im Rahmen des Teilungsplans der Peel-Kommission vom Jahr 1937 erklärte sich die zionistische Führung bereit, der Errichtung eines jüdischen Staates in einem Teil Westpalästinas zuzustimmen, wenn dadurch die fortgesetzte Einwanderung sichergestellt würde und eine israelisch-arabische Regelung zustandekäme. Diese historischen Tatsachen beweisen, daß territoriale Expansion nie zu den zionistischen Zielen gehörte.

Wie erklärt sich, daß Israel heute die Kontrolle über ein größeres Gebiet ausübt, als ihm in dem Teilungsplan 1947 zugesprochen wurde?

Der Grund hierfür war nicht ein Expansionsbedürfnis. Die Grenzziehung nach der Karte des UN-Teilungsplans von 1947 wurde nie verwirklicht, weil die Araber den gesamten Plan ablehnten und einen Krieg auslösten, um die Entstehung des jüdischen Staates zu verhindern. Der Staat Israel wurde vorläufig in der Form, in der er aus dem Krieg 1948–49 hervorgegangen war, territorial durch die Demarkationslinien begrenzt, die in den Waffenstillstandsvereinbarungen zwischen Israel und den vier arabischen Nachbarstaaten Ägypten, Jordanien, Syrien und Libanon ausgehandelt worden waren. Gemäß den Waffenstillstandsbedingungen blieb Judäa-Samaria (die »West Bank«) in jordanischer Hand und der Gaza-Streifen unter ägyptischer Militärkontrolle. Die Vereinbarungen sahen vor, daß die endgültigen Grenzen im Rahmen von Friedensverhandlungen festgelegt werden sollten.

Die durch die Waffenstillstandsregelung von 1949 geschaffene territoriale Teilung wäre bis zu einer Friedensregelung unberührt geblieben, hätten nicht Ägypten, Syrien und Jordanien 1967 den Krieg gegen Israel vom Zaun gebrochen. Im Laufe des Sechs-Tage-Krieges warfen die israelischen Truppen die arabischen Armeen zurück und besetzten die Sinai-Halbinsel, den Gaza-Streifen, Judäa-Samaria und die Golan-Höhen. Aufgrund der einstimmig verabschiedeten Resolution Nr. 242 des Weltsicherheitsrates vom 22. November 1967 ist der Rückzug aus besetzten Gebieten ein Element einer Friedensregelung, welche die Festlegung »sicherer und anerkannter Grenzen« einschließt. In der Zwischenzeit unterstellte Israel diese besetzten Gebiete einer Militärverwaltung. Diese Haltung Israels steht in völliger Übereinstimmung mit der Resolution Nr. 338 des UN-Sicherheitsrates, die nach dem Jom-Kippur-Krieg im Oktober 1973 verabschiedet wurde.

Israel hat sich schon vor einem Friedensschluß aus einem Teil dieser Gebiete zurückgezogen, obwohl es gemäß den UN-Resolutionen dazu nicht verpflichtet gewesen wäre. Im Falle Ägyptens geschah dies im Rahmen des mit diesem Land geschlossenen Entflechtungsabkommens. Seither hat Israel das gesamte besetzte Sinaigebiet bis zur ursprünglichen Grenze in Übereinstimmung mit dem ägyptisch-israelischen Friedensvertrag zurückgegeben. Syrien hat es bisher abgelehnt, in Friedensverhandlungen mit Israel einzutreten, und über die Zukunft der israelisch besetzten Golan-Höhen werden zur Zeit keine Erörterungen geführt.

Was die West-Bank (Judäa und Samaria) betrifft, so behandeln die Camp-David-Abkommen diese Gebiete nicht als jordanische Territorien, sondern als ehemalige Palästina-Mandatsgebiete, deren künftiger Status durch Verhandlungen unter allen Beteiligten nach einer Interimszeit der Autonomie für ihre arabischen Bewohner zu regeln ist. Dies gilt auch für den Gaza-Streifen.

Dieser kurze Überblick zeigt, wie es im Umfang der Gebiete unter israelischer Hoheit und Kontrolle zu Veränderungen gekommen ist.

Israel hat ein ungeteiltes Jerusalem zu seiner ewigen Hauptstadt erklärt – ist dies nicht eine unrechtmäßige und ungerechtfertigte Annexion?

Jerusalem stellt einen besonderen Fall dar. Im Verlauf der Feindseligkeiten des Jahres 1948 wurde der östliche Teil der Stadt, einschließlich der Altstadt, von jordanischen Truppen besetzt und später zusammen mit den Bezirken Judäa und Samaria von Jordanien annektiert. Die jordanische Annexion Jerusalems wurde weder von den Vereinten Nationen noch von anderen Staaten je anerkannt, nicht einmal von anderen Mitgliedstaaten der Arabischen Liga. (Die einzige Ausnahme war Pakistan.)

Während der neunzehnjährigen jordanischen Besatzung wurde den Juden, ebenso wie den muslimischen Arabern in Israel, der Zugang zu ihren heiligen Stätten verwehrt. Dies war eine flagrante Verletzung des israelisch-jordanischen Waffenstillstandsabkommens.

Die Stadt wurde 1967 wiedervereinigt, als der jordanisch besetzte Teil von den israelischen Truppen erobert wurde, nachdem Jordanien sich am Sechs-Tage-Krieg gegen Israel beteiligt hatte. Die ungeteilte Stadt steht seit 1967 unter israelischer Herrschaft. Eine erneute Spaltung der Stadt ist undenkbar, und es ist auch nicht realistisch, eine doppelte Souveränität über sie ins Auge zu fassen. Der Zeitraum zwischen 1948 und 1967 ist die einzige Zeit in der 4000jährigen Geschichte Jerusalems, in der die Stadt geteilt und mehr als einer Hoheit unterworfen war.

1980 verabschiedete die Knesset ein Gesetz, das Jerusalem zur ewigen und ungeteilten Hauptstadt Israels erklärte. In einigen Kreisen Israels wurden im Lichte der internationalen Reaktionen und der anschließenden Verlegung einiger ausländischer diplomatischer Missionen von Jerusalem nach Tel Aviv Vorbehalte gegen den Zeitpunkt des Gesetzes geäußert. Aber was den *Kern* der Sache betrifft, so kann Israel einen fundierten Rechtsanspruch geltend machen, der von keinem Teil der öffentlichen Meinung im Land in Frage gestellt wird. Nachstehend werden einige der wesentlichen Faktoren genannt:

> Jerusalem ist seit der Zeit König Davids vor 3000 Jahren der nationale und geistige Mittelpunkt des ganzen jüdischen Volkes.
>
> Wann immer das jüdische Volk in seinem Heimatland politisch unabhängig war, war Jerusalem die Hauptstadt des Staates. Dies war so während des ersten (ca. 1000–586 v. Chr.) und während des zweiten jüdischen Staates (163 v. Chr.–70 n. Chr.). Nach der Errichtung des modernen Staates Israel 1948 wurde Jerusalem selbstverständlich dessen Hauptstadt sowie der Sitz des Staatspräsidenten, des Parlaments, der Regierung und des Obersten Gerichtshofs.
>
> Die Stadt war nie die Hauptstadt irgendeines nichtjüdischen Staates oder der nationale Mittelpunkt irgendeines anderen als des jüdischen Volkes.
>
> Seit mehr als einem Jahrhundert hat Jerusalem eine mehrheitlich jüdische Bevölkerung. Mehr als 70 Prozent seiner gegenwärtigen Bevölkerung sind Juden (1983: 305 000 Juden, 109 000 Moslems und 11 000 Christen, insgesamt 425 000 Einwohner).

Seit 1967 hat sich der Lebensstandard der arabischen Minderheit in Jerusalem wesentlich verbessert. Diese Araber haben die jordanische Staatsbürgerschaft behalten, können jedoch für die israelische optieren, wenn sie es wünschen. Sie haben das aktive und das passive Stimmrecht zu den Wahlen des Stadtrats, haben jedoch im allgemeinen aus politischen Gründen auf die Ausübung dieser Rechte verzichtet.

Im Gegensatz zu der Lage, die während der jordanischen Besetzung Ostjerusalems herrschte, sind seit 1967 die heiligen Stätten und religiösen Einrichtungen jedes Glaubens einer eigenen Verwaltung unterstellt, und der unbeschränkte und freie Zugang zu ihnen ist gewährleistet.

Bei künftigen Friedensverhandlungen kann in wohlwollendem Geist erörtert werden, wie die gefühlsmäßige Bindung der Araber und Muslime an die Stadt in geeigneter Weise berücksichtigt werden kann, ohne die Stadt zu teilen oder sie einer doppelten Souveränität zu unterstellen. (Ein Gedanke, der zur Sprache gebracht wurde, ist die Schaffung getrennter Verwaltungsbezirke.)

Kurzum, es besteht jede historische, politische, moralische und demographische Rechtfertigung dafür, daß Jerusalem die ungeteilte Hauptstadt Israels ist. Die These, wonach der östliche Teil der Stadt »besetztes Gebiet« sein soll, ist für Israelis unvorstellbar, die sich berechtigt fühlen, in jedem Teil Jerusalems ohne Unterschied Wohnung zu nehmen oder zu arbeiten.

Wird der bevölkerungspolitische Druck Israel zwingen, eine Expansion ins Auge zu fassen?

Zunächst muß bemerkt werden, daß die Quellen einer möglichen jüdischen Einwanderung (Alijah) nunmehr begrenzt sind. Vor dem Zweiten Weltkrieg war das Hauptsammelbecken für die Alijah Ost- und Mitteleuropa. Sechs Millionen Juden wurden im Nazi-Holocaust während des Krieges ermordet. Der Großteil der Überlebenden aus den von den Nazis besetzten Gebieten ist nach dem Krieg ausgewandert; die meisten von ihnen siedelten sich in Israel an. (Was die sowjetischen Juden betrifft, siehe weiter unten.)

Das andere Hauptsammelbecken für die Alijah waren die arabischen Länder. Vor 1948 gab es in der arabischen Welt insgesamt fast eine Million Juden. Der größte Teil von ihnen wanderte aus oder wurde vertrieben, und mehr als eine halbe Million wurde in Israel angesiedelt. Nur sehr wenige Juden blieben in den arabischen Ländern (s. u. S. 74). Heute leben drei Millionen Juden in Israel und mehr als 11 Millionen außerhalb Israels. Sie verteilen sich wie folgt (die Zahlen sind abgerundet):

Vereinigte Staaten und Kanada	6 100 000
Lateinamerika	800 000
Westeuropa	1 186 000
Sowjetunion	2 700 000
Andere osteuropäische Länder	195 000
Asien, Afrika und Australien	360 000

Die Einwanderung aus der demokratischen Welt des Westens ist, was ihre Qualität betrifft, hochwertig, aber zahlenmäßig geringfügig. Je nach den politischen Umständen könnte es noch zu einem weiteren Zustrom aus Lateinamerika kommen. In den 70er Jahren nahm Israel 150 000 Einwanderer aus der Sowjetunion auf, aber die sowjetischen Behörden versuchen diese Bewegung durch harte Methoden einzuschränken und davon abzuschrecken, so daß die weitere Entwicklung ungewiß ist.

Es ist davon auszugehen, daß die Bevölkerung Israels infolge der Einwanderung und des natürlichen Zuwachses stetig zunehmen wird. Aber es besteht kein Grund zu der Annahme, daß es zu einer neuen Masseneinwanderungswelle wie in den frühen 50er Jahren kommen wird. In der absehbaren Zukunft wird die Mehrheit des jüdischen Volkes weiterhin außerhalb Israels leben.

Hängt die Bevölkerungszahl Israels von der Größe seines Staatsgebiets ab?

Ein weiterer Trugschluß im Zusammenhang mit dem Syndrom vom »Bevölkerungsdruck« in arabischen öffentlichen Äußerungen ist die Gleichstellung von Bevölkerung und Staatsgebiet. Dies entspricht einem primitiven und überholten wirtschaftlichen Denken. Der Raum ist nur einer von vielen Faktoren des Wirtschaftswachstums. Weitere Faktoren sind die natürlichen Ressourcen, das Entwicklungskapital, Industrialisierung, Produktivität, Auslandsmärkte, Wissenschaft und Technologie, der Gesundheits- und Bildungsstand, das Niveau des öffentlichen Verwaltungswesens, politische Stabilität, nationale Einheit und Zielbewußtsein. All diese Faktoren spielten eine Rolle bei Israels Wirtschaftswachstum, das in der mehr als 35jährigen Existenz des Landes trotz des beschränkten Gebiets, der geringfügigen Bodenschätze und der massiven Verteidigungslast einen bemerkenswerten Umfang erreicht hat. Im ersten Vierteljahrhundert vervierfachte sich die Bevölkerung Israels, sein Bruttosozialprodukt dagegen versechsfachte sich, während das Pro-Kopf-Einkommen im Vergleich zu 1948 auf das Dreifache angestiegen ist. Mit anderen Worten: Israel hat bewiesen, daß es in der Lage ist, eine stark angewachsene Bevölkerung bei einem höheren Lebensstandard innerhalb eines vorgegebenen Gebiets zu versorgen. Es gibt immer noch unterentwickelte und unterbevölkerte Gegenden, wie das galiläische Hochland im Norden und die Negevwüste im Süden. Bei der Planung seiner wirtschaftlichen Zukunft macht sich Israel mehr Gedanken um die Erschließung neuer Energiequellen und Wasservorräte als um den Landmangel.

Warum werden in den besetzten Gebieten israelische Siedlungen errichtet?

Judäa und Samaria (die West Bank). Die Ausbuchtung westlich des Jordans, die 1967 von Israel besetzt wurde, war unter jordanischer Herrschaft unter der Bezeichnung »West Bank« bekannt und heißt in Israel »Judäa und Samaria« –

Namen, mit denen diese Gebiete bis zu ihrer Übernahme durch Jordanien allgemein bezeichnet wurden. (Es handelt sich um die Namen zweier alter hebräischer Königreiche, die in der biblischen Zeit in dieser Region bestanden.) Es gibt in Israel zwar Meinungsunterschiede hinsichtlich der Siedlungspolitik in Judäa und Samaria, jedoch nicht in bezug auf das Recht der Juden, sich *grundsätzlich* dort niederzulassen. Die UN-These, wonach eine derartige Besiedlung gegen das Völkerrecht verstoße, wird von allen Teilen der öffentlichen Meinung in Israel abgelehnt. Verfechter dieser These berufen sich auf die Vierte Genfer Konvention, die 1949 unter dem damals noch frischen Eindruck der Nazi-Besetzung Europas formuliert wurde. Dieses Instrument gelangte bisher nirgendwo zur praktischen Anwendung, und es ist kaum von Belang für die israelische Verwaltung von Judäa und Samaria seit 1967. Obwohl Israel die Konvention nicht als verbindlich anerkennt, hat es sich doch im allgemeinen bei der Verwaltung dieser Gebiete an deren Geist gehalten.

Unter dem Völkerbundsmandat, aufgrund dessen Großbritannien Palästina bis 1948 verwaltete, gehörten Judäa und Samaria ebenso wie der Gaza-Streifen zu dem Gebiet, in welchem dem jüdischen Volk ein international verbürgtes Recht zur Gestaltung seiner Nationalen Heimstätte durch Einwanderung und Besiedlung zugesprochen worden war. Seit dem Ende der Mandatszeit 1948 wurden diese Gebiete völkerrechtlich nicht der Souveränität irgendeines anderen Staates unterstellt. Das jüdische Recht, es zu besiedeln, blieb daher erhalten und wurde noch untermauert durch den historisch, religiös und gefühlsmäßig bedeutsamen Umstand, daß Judäa und Samaria einst das Herzstück des biblischen Landes Israel bildeten.

Ein Blick auf die Landkarte zeigt, daß eine der Hauptfunktionen der israelischen Besiedlung Judäas und Samarias in der Stärkung der Sicherheit des an seiner Ostflanke äußerst verwundbaren Staates besteht. Die andauernde Weigerung des größten Teils der arabischen Welt, mit Israel einen Frieden auszuhandeln, ja sogar sein Lebensrecht anzuerkennen, bewirkt, daß es für Israel noch lebenswichtiger ist, eine wirksame militärische Kontrolle über Judäa-Samaria auszuüben und sicherzustellen, daß von dort keine Bedrohung für den Staat ausgeht.

Größeren Ländern fällt es schwer, zu verstehen, was der geographische Faktor bloßer Nähe bedeutet. Israel hatte vor 1967 innerhalb der »Grünen Linie« (der Waffenstillstandslinien von 1949) den Umfang von Wales oder des US-Staates New Jersey, und im mittleren Teil der dichtbesiedelten Küstenebene war es nicht breiter als 16 Kilometer. Sollte Judäa-Samaria je wieder in Feindeshand fallen, so befände sich jedes israelische Haus innerhalb der Reichweite der von den Sowjets gelieferten Artillerie, und jedes von einem israelischen Flugplatz startende Flugzeug könnte mit sowjetischen Sam-Raketen abgeschossen werden. Unter derartigen Umständen könnte Israel nicht leben.

Es wurde geltend gemacht, eine politische Regelung würde Israel von dieser Bedrohung befreien. Leider trifft dies angesichts der chronischen Unstabilität der arabischen Welt und des Wiederauflebens des Radikalismus und fundamentalistischen religiösen Fanatismus, die diese zu verschlingen drohen, nicht zu. Wie leicht zu erschüttern die Nahostregion in ihrer Gesamtheit ist und welche Pläne die Sowjetunion zu ihrer Beherrschung hegt, wurde durch Ereignisse aus der jüngsten Zeit bewiesen, wie zum Beispiel die Machtergreifung durch das (rabiat antiisraelisch eingestellte) Khomeini-Regime im Iran, den Krieg zwischen Iran und Irak sowie die russische Besetzung Afghanistans. Wie unterschiedlich auch in Israel die Vorstellungen in bezug auf die Siedlungspolitik sein mögen, so bleibt doch als gemeinsamer Nenner die Überzeugung von der Notwendigkeit strategischer Kontrolle über das lebenswichtige Gebiet von Judäa und Samaria.

Das tatsächliche Ausmaß der israelischen Besiedlung ist verhältnismäßig gering. In den 15 Jahren von 1967 bis Ende 1982 belief sich die Zahl der in Judäa und Samaria lebenden Israelis auf 25000 (einschließlich der Kinder), d. h. auf drei Prozent der Bewohner. In letzter Zeit hat sich das Tempo der Ansiedlung dadurch beschleunigt, daß neue Pendlerstädte jenseits der »Grünen Linie« entstehen, von denen aus Tel Aviv und andere Küstenstädte, ebenso wie das nahe gelegene Jerusalem, leicht zu erreichen sind. Jedoch wird für absehbare Zeit die Bevölkerung von Judäa und Samaria in ihrer überwältigenden Mehrheit arabisch bleiben. Es besteht auch nicht die Gefahr, daß irgendwelche arabischen Bewohner durch die israelische Besiedlung vertrieben werden, da diese auf unbesiedeltem und unbebautem Land vor sich geht, das fast ausnahmslos in staatlichem Eigentum steht.

Warum gibt es denn in Israel selbst soviele Meinungsverschiedenheiten wegen der Siedlungspolitik in Judäa und Samaria?

Dies erklärt sich dadurch, daß die Siedlungspolitik im Zusammenhang mit einer grundlegenden Frage zu sehen ist, nämlich mit den unterschiedlichen Vorstellungen hinsichtlich des künftigen Ausmaßes und des demographischen Aufbaus des Staates.

Während des Jahrzehnts nach 1967, in dem die Regierung der Arbeiterpartei an der Macht war, errichtete diese an sorgsam ausgesuchten Orten, die von größter Bedeutung für Verteidigungszwecke waren, aber wenig oder gar keine arabische Bevölkerung hatten (im Jordantal zum Beispiel), eine Reihe von kleinen Siedlungen. Man ging davon aus, daß im Rahmen eines künftigen Friedensvertrags mit Jordanien diese Orte in den Staat Israel eingegliedert werden könnten, während die dichter bevölkerten Gebietsteile Jordanien zugesprochen würden.

Die seit 1977 an der Macht befindliche Likud-Regierung unter der Führung Begins sieht die Dinge anders. Sie strebt nach einem ungeteilten »Erez Israel« (Land Israel), das Judäa, Samaria und den Gaza-Streifen umfassen soll, wobei die arabischen Bewohner ein beträchtliches Maß an Selbständigkeit genießen sollen. Eine offizielle Siedlungspolitik (deren Hauptverfechter eine fanatische religiöse Gruppe, »Gusch Emunim«, ist) soll diesen Anspruch verstärkt vorantreiben. Infolgedessen werden die Siedlungen nicht mehr auf bestimmte Ortschaften beschränkt, wie unter der vorherigen Regierung, sondern sie werden über das ganze Gebiet verstreut, und einige werden in der Nähe der größeren arabischen Städte angelegt. Außerdem wird die Siedlungsaktion von der Regierung politisch und finanziell viel stärker unterstützt, als es früher der Fall war.

Die Ideologen des Likud vertreten auch die Ansicht, daß nichts gegen die Niederlassung von Juden in dicht besiedelten arabischen Gebieten einzuwenden sei – ebensowenig wie gegen Araber in dicht besiedelten jüdischen Gebieten, wie es zum Beispiel in Jerusalem, Haifa und Teilen der Küstenebene der Fall ist.

Die israelische Siedlungsaktion hat zu Reibungen mit den Vereinigten Staaten geführt. Washington sieht in dieser Tätigkeit eine Gefahr für den Friedensprozeß, dies vor allem zu einer Zeit, in der sich die amerikanische Diplomatie darum bemüht, Jordanien und zumindest einige Elemente der palästinensischen Araber an den Verhandlungstisch zu bringen. (Die verschiedenen Optionen für den künftigen Status von Judäa-Samaria werden auf den Seiten 91–102 eingehender erörtert.)

Die Golan-Höhen. Von 1967 bis Ende 1982 siedelten sich ungefähr 7000 Israelis auf den Golan-Höhen an, die Syrien von Israel im Sechs-Tage-Krieg abgenommen wurden. Dieser Prozeß hat weder in Israel noch weltweit zu nennenswerten Erörterungen geführt.

Die Gründe hierfür sind folgende:

a) Syrien ist weiterhin Israels kriegerischster Nachbar, der die Camp-David-Abkommen und den Friedensprozeß verächtlich von sich weist. Die Zukunft dieses Gebiets steht ganz einfach nicht auf der Tagesordnung irgendwelcher Verhandlungen.

b) Das Regime in Damaskus ist ein Schützling der Sowjetunion mit einer von den Sowjets ausgebildeten und ausgerüsteten Armee, und es findet im Westen keinerlei Unterstützung.

c) Vor 1967 war die benachbarte israelische Bevölkerung ständigen Übergriffen von den Golan-Höhen her ausgesetzt, die eine natürliche Absprungbasis für jeden syrischen Vorstoß nach Nordisrael darstellen. In diesem Fall findet das israelische Sicherheitsbedürfnis durchaus Verständnis bei ausländischen Beobachtern.

d) Das Gebiet hat nur eine geringe einheimische Bevölkerung, die aus etwa 12 000 Drusen besteht und an der Frage der palästinensischen Araber unbeteiligt ist.

Wenn es je zu Friedensgesprächen zwischen Israel und Syrien kommen sollte, würde Israel (aufgrund der UN-Resolution 242) auf einer »sicheren und anerkannten Grenze« bestehen, die ihm einen festen Stand auf dieser strategisch wichtigen Hochebene belassen würde. In der Zwischenzeit wurde das israelische Recht auf die Golan-Höhen ausgeweitet, im Gegensatz zu der Lage in Judäa-Samaria, wo das jordanische Recht weiterhin in Kraft blieb.

Der Mythos vom Rassismus

Ist der Zionismus eine rassistische Bewegung und Israel ein rassistischer Staat?

In der Debatte über die UN-Resolution, in welcher der Zionismus mit Rassismus gleichgestellt wird, wurden von arabischer Seite gefühlsbetonte und irrationale Argumente vorgebracht.

Zur Beeinflussung der afrikanischen Delegationen wurde Israel als mit Südafrika verwandt dargestellt, wo der politische Status und die Rechtsstellung von der Rasse abhängig sind. Da in Israel jeder Staatsbürger, sei er Jude oder Araber, genau die gleichen politischen Rechte und Freiheiten besitzt, ist der Vergleich sinnlos.

Die israelischen Juden wurden auch mit den Franzosen in Algerien und den Portugiesen in Angola verglichen, und es wurden andere Fälle angeführt, in denen Bürger einer europäischen Kolonialmacht sich in überseeischen Besitzungen angesiedelt haben. Auch hier ist jede Analogie absurd. Der Zionismus stellte nie eine Kolonialmacht dar, und die jüdischen Einwanderer kehrten in ihr eigenes nationales Heimatland zurück.

Ist das israelische Rückwanderungsgesetz ein Akt rassischer Diskriminierung?

Die Zielscheibe des Vorwurfs des Rassismus gegen Israel ist das Rückwanderungsgesetz (1950), aufgrund dessen jeder Jude das Recht hat, nach Israel einzuwandern und zum Zeitpunkt der Ankunft die Staatsangehörigkeit zu erwerben. (Als Jude gilt, wer von einer jüdischen Mutter abstammt oder wer zum jüdischen Glauben übergetreten ist und keinen anderen Glauben angenommen hat. Der rassische Ursprung als solcher ist kein Kriterium.)

Diese Regelung ist kein Akt rassischer Diskriminierung gegenüber Nichtjuden. Alle Araber, die 1948 in Israel geblieben sind, wurden gleichberechtigte Bürger des Staates, ebenso wie die Zehntausende, die später wieder aufgenommen wurden. Jeder andere nichtjüdische Wohnhafte kann zu gegebener Zeit, unter weitgehend den gleichen Voraussetzungen wie in anderen Ländern auch, einen Antrag auf Einbürgerung stellen.

Das Rückwanderungsgesetz ist der rechtliche Ausdruck eines grundlegenden Axioms der zionistischen Bewegung seit ihrer Gründung. Das jüdische Volk war überall in der Minderheit, oft verfolgt und vertrieben. Ziel des Zionismus war es, eine Heimstatt zu errichten, wohin die Juden von Rechts wegen einwandern und wo sie als freie Bürger leben konnten. Im Palästina-Mandat erlegte der Völkerbund der Mandatsmacht ausdrücklich die Pflicht auf, die jüdische Einwanderung zu erleichtern. Der Konflikt in Palästina ging mehr als um jede andere Frage um das jüdische Einwanderungsrecht. Die Königliche (Peel-)Kommission war sich 1937 über die zentrale Bedeutung dieser Frage im klaren. Nach ihrem Teilungsplan hätte der jüdische Staat der jüdischen Einwanderung uneingeschränkt offengestanden, während Juden in den arabischen Staat nur mit arabischer Zustimmung hätten einreisen dürfen. Der gleiche Unterschied wurde in dem UN-Teilungsplan aus dem Jahre 1947 gemacht. (Es war bezeichnend, daß sowohl der Peel-Bericht als auch die Resolution der Vereinten Nationen ausdrücklich von einem »jüdischen Staat« und einem »arabischen Staat« sprachen, ohne die geringste Vermutung, daß eine derartige Wortwahl rassistische Untertöne aufweist.)

Der Nazi-Holocaust und das Nachkriegsproblem der in europäischen DP-Lagern zusammengepferchten jüdischen Überlebenden gaben dem Recht auf jüdische Einwanderung nach Palästina eine noch dringlichere Bedeutung. Für die Juden waren die durch das Weißbuch MacDonalds 1939 auferlegten Einwanderungsbeschränkungen ungültig, während die Bemühungen, die sogenannten »Illegalen« ins Land zu bringen, in ihren Augen rechtlich und moralisch gerechtfertigt waren. Die menschliche Not, die den Hintergrund dieser Wanderungsbewegung bildete, war so drängend, daß alle britischen Gegenmaßnahmen sie nicht vereiteln konnten.

In der Präambel der Israelischen Unabhängigkeitserklärung vom Mai 1948 hieß es: »Die Katastrophe, die in unseren Tagen über das jüdische Volk hereinbrach und Millionen von Juden in Europa vernichtete, bewies unwiderleglich aufs neue, daß das Problem der jüdischen Heimatlosigkeit durch die Wiederherstellung des jüdischen Staates im Lande Israel gelöst werden muß, eines Staates, dessen Pforten jedem Juden offenstehen.« Im materiellen Teil der Erklärung wurde kategorisch bekräftigt: »Der Staat Israel wird der jüdischen Einwanderung und der Sammlung der Juden im Exil offenstehen.«

Von dem Moment an, in dem die Tore geöffnet wurden, strömten die angestauten Massen in den neuen Staat – aus den Auffanglagern auf Zypern und den DP-Lagern in Europa; von den Überresten der zerschlagenen jüdischen Gemeinschaften in Mittel- und Osteuropa; und aus den arabischen Ländern, in denen das Leben für die jüdischen Minderheiten unerträglich und gefährlich geworden war. In den ersten vier Jahren des Staates kam fast eine Million jüdischer Einwanderer nach Israel, wodurch sich seine Bevölkerung verdoppelte. Das ganze Land wurde zu ihrer Aufnahme mobilisiert.

Das Rückwanderungsgesetz brachte nichts Neues. Es versah lediglich die Grundsätze mit rechtlicher Wirkung, die seit 70 Jahren die Antwort der Zionisten auf die Stellung der Juden in der Welt gewesen waren, eine Antwort, die sowohl im Völkerbund als auch in den Vereinten Nationen breiteste internationale Zustimmung gefunden hatte.

Der Mythos
von der unterdrückenden Besatzungsmacht

Hat Israel die Bewohner der besetzten Gebiete unterdrückt?

Nach dem Sechs-Tage-Krieg im Jahr 1967 waren Judäa-Samaria (die »West Bank«), der Gaza-Streifen, die Sinai-Halbinsel und die Golan-Höhen unerwartet unter die Kontrolle Israels gelangt.

Ost-Jerusalem war 1948, als es von der jordanischen Arabischen Legion während der Kampfhandlungen besetzt wurde, vom Rest der Stadt getrennt worden. 1967 wurde Jerusalem unter israelischer Hoheit wiedervereinigt, wenn auch seine arabischen Einwohner ihre jordanische Staatsangehörigkeit behielten.

Von den drei unter israelischer Verwaltung stehenden Gebieten haben nur zwei eine mehrheitlich arabische Bevölkerung: Judäa-Samaria (720000) und der Gaza-Streifen (450000). Auf den Golan-Höhen leben 12000 drusische Dorfbewohner.

Israels in den von ihm verwalteten Gebieten betriebene Politik ist weitblickend und mild – wahrscheinlich mehr, als dies unter irgendeiner Besatzung in der Geschichte je der Fall war. Die nach dem Junikrieg 1967 entstandene Lage wurde als eine Gelegenheit betrachtet, Zusammenleben und Zusammenarbeit zwischen Israelis und Arabern zu praktizieren.

Gemäß den Richtlinien für die Verwaltung soll das normale Leben aufrechterhalten bleiben, Sicherheit gegen Terrorismus und Angriffe gewährleistet, eine schnelle wirtschaftliche Entwicklung gefördert und Freizügigkeit für Menschen, Güter und Arbeitskraft sowohl mit Israel und Jordanien als auch mit der restlichen arabischen Welt gewährt werden.

Die arabische Bevölkerung von Judäa-Samaria und im Gaza-Streifen nimmt durch ihre gewählten Stadt- und Gemeinderäte sowie Polizeikräfte ihre örtlichen Angelegenheiten selbst wahr. Von den 13000 öffentlichen Bediensteten in den beiden Gebieten sind nur 500 Israelis, die als Berater und Fachkräfte wirken. In der »West Bank« wurden das jordanische Recht, Gerichtswesen, Kommunalbehörden, Schulwesen und die Währung unverändert beibehalten.

1972 und 1976 fanden in Judäa-Samaria unter der Schirmherrschaft der Militärregierung Gemeindewahlen statt. Die Wahlbeteiligung betrug trotz der Drohungen der PLO und jordanischer Mißbilligung 80 Prozent. Die israelischen Behörden weiteten die demokratische Basis durch die erstmalige Gewährung des Stimmrechts an die Frauen aus, und auch durch die Eintragung aller kommunalen Steuerzahler, ob sie nun Grundeigentum besaßen oder nicht. Die Wählerlisten wurden also in dreierlei Hinsicht erweitert. Die Wahlen verliefen völlig frei und geordnet, was unter der jordanischen Herrschaft nicht der Fall gewesen war. Das Ergebnis zeigte, daß sich eine Abkehr von der traditionellen, konservativen, auf den Familienclans beruhenden Führung hin zum Aufstieg einer jüngeren, gebildeteren Schicht von Akademikern und Geschäftsleuten vollzogen hatte, die nationalistischere und radikalere Vorstellungen hegten.

Im November 1981 wurde in Judäa-Samaria und im Gaza-Streifen eine israelische Zivilverwaltung unter der Oberaufsicht der Militärregierung eingesetzt.

Die Bewohner von Judäa-Samaria und des Gaza-Streifens können ohne Genehmigung frei nach Israel ein- und von dort wieder ausreisen. Etwa 70000 arbeiten täglich in Israel. Im Zuge der Politik der »offenen Brücken« können sie auf der Allenby- und der Damiya-Brücke den Jordan überqueren, Jordanien oder andere arabische Länder aus familiären Gründen oder zu Geschäftszwecken besuchen und an ihre Wohnorte zurückkehren. Jedes Jahr reisen etwa 400000 Araber aus den verwalteten Gebieten auf diese Weise hin und her. Zusätzlich erhalten jährlich rund 150000 Araber aus Jordanien und anderen arabischen Ländern Einreisegenehmigungen für Besuche bis zu vier Monaten Dauer in Judäa-Samaria, und die meisten von ihnen kommen bei dieser Gelegenheit auch nach Israel.

Bis zum Krieg von 1967 stagnierte das wirtschaftliche Leben in diesen Gebieten, und die Arbeitslosenquote war hoch. Unter israelischer Verwaltung herrscht Vollbeschäftigung, und es ist eine stetige Entwicklung zu verzeichnen. Das Bruttosozialprodukt hat sich jährlich um 13 Prozent erhöht, mit einer entsprechenden Steigerung des Pro-Kopf-Einkommens. Der landwirtschaftliche Ertrag hat sich mehr als verdoppelt, und das israelische Landwirtschaftsministerium führte moderne wissenschaftliche Anbaumethoden, genetisch verbesserte Viehsorten und neue Getreidearten ein. Die Bodenerzeugnisse werden in einheimischen oder israelischen Betrieben verarbeitet, auf Lastkraftwagen über die Brücken auf die Märkte in Jordanien oder anderen arabischen Ländern gebracht oder auf israelischen Handelswegen nach Europa ausgeführt – wie zum Beispiel die Zitrusfrüchte aus dem Gaza-Streifen.

In bezug auf Beschäftigung und Sozialleistungen machen die israelischen Behörden keinen Unterschied zwischen Flüchtlingen und Nichtflüchtlingen. Ein Wohnraumbeschaffungsprogramm wurde für die Bewohner der überfüllten Flüchtlingslager im Gaza-Streifen in die Wege geleitet, und Tausende von ihnen haben bereits die neuen Wohnungen, die ihnen jetzt gehören, bezogen.

Die israelische Regierung hat bereits hohe Summen für die wirtschaftliche Entwicklung und öffentliche Dienstleistungen ausgegeben.

Es ist der arabisch-muslimisch-kommunistischen Mehrheit in internationalen Gremien zur Gewohnheit geworden, Resolutionen durchzusetzen, in denen Israel wegen angeblicher Mißbräuche in den besetzten Gebieten verurteilt wird. Dies geschah zum Beispiel in der UN-Vollversammlung, im UN-Menschenrechtsausschuß, der Weltgesundheitsorganisation, in der UNESCO und in anderen Organisationen. Diese Resolution wurde zu Recht als von einer genauen Kenntnis der Tatsachen weit entfernte »Pflichtübungen« beschrieben. Westliche Nationen, insbesondere die Vereinigten Staaten, haben heftig gegen diesen Mißbrauch von Fachorganisationen zu politischen Propagandazwecken protestiert.

Natürlich blieb die israelische Verwaltung von Gebieten mit einer zahlreichen arabischen Bevölkerung nicht von Schwierigkeiten oder Unruhen verschont. In jüngster Zeit haben die Behörden einen härteren Kurs eingeschlagen, um dem zersetzenden Einfluß der PLO entgegenzuwirken. Mehrere militante, PLO-freundliche Bürgermeister wurden ausgewiesen oder abgesetzt. Es kam zu Zusammenstößen mit demonstrierenden und Steine werfenden Studentengruppen und Oberschülern.

Einige in Judäa und Samaria beschäftigte ausländische Hochschullehrer haben protestiert, als sie dazu aufgefordert wurden, in ihrem Antrag auf Arbeitserlaubnis zu bestätigen, daß sie sich jeder Unterstützung der PLO enthalten werden (es handelt sich um eine Standard-Verzichtsklausel, die in jedem Antrag auf Erteilung einer Arbeitserlaubnis steht und nicht nur für Lektoren gilt.)

Örtliche arabische Zeitungen genießen eine Freiheit, die unter jordanischer Herrschaft nicht geduldet worden wäre, aber sie können im Falle offener Aufhetzung in Schwierigkeiten mit der Zensur geraten. Derartige Zwischenfälle wurden aus dem Zusammenhang gerissen und in der ausländischen Presse aufgebauscht, was dazu führt, daß ein falscher Eindruck von dem Alltagsleben in dem Gebiet vermittelt wird.

Zweifellos stellt eine länger andauernde Militärherrschaft etwas Unnatürliches, für den Herrschenden Unangenehmes und für den Beherrschten schwer Erträgliches dar. Sie sollte so bald wie möglich durch eine mit den israelischen Sicherheitsbedürfnissen zu vereinbarende Selbstverwaltung abgelöst werden. Wesentlich ist jedoch die Tatsache, daß seit 1967 mehr als drei Millionen Juden und fast zwei Millionen Araber sogar ohne jede politische Regelung zusammen gelebt und gearbeitet haben. Vielleicht ist dies die positivste und bedeutsamste Seite in der Chronik des israelisch-arabischen Konflikts, zusammen mit dem israelisch-ägyptischen Friedensvertrag.

Sind die israelischen Behörden bei der Bekämpfung des Terrorismus unnötig hart vorgegangen?

Die Behörden sind bei der Behandlung des Terroristenproblems in Judäa-Samaria und im Gaza-Streifen entschlossen, aber menschlich vorgegangen. Die in diesen Gebieten tätigen Terroristengruppen hatten sich erklärtermaßen zum Ziel gesetzt, das normale Leben durch Einschüchterung und willkürliche Terrorakte zu lähmen und einem Guerillakrieg nach algerischem oder vietnamesischem Muster den Weg zu bereiten. Dieser Plan ist gescheitert – zum Teil, weil die Bevölkerung im allgemeinen gut behandelt wurde und den Terroristen weder Unterschlupf noch Hilfe gewährte. (Sogar während des Jom-Kippur-Krieges 1973 und der Aktion »Frieden für Galiläa« 1982 gab es in den verwalteten Gebieten keine Unruhen.) Hauptopfer der arabischen Terroristen waren einheimische Araber, von denen viele getötet oder verwundet wurden.

Durch exakte nachrichtendienstliche Tätigkeit und schnelles Vorgehen ist es den Militärbehörden gelungen, Untergrundzellen aufzubrechen und ihre Mitglieder zu stellen. Einige Einheimische, die in terroristische Tätigkeiten verwickelt waren, wurden nach Jordanien abgeschoben. In einigen Fällen wurden Häuser, die für derartige Tätigkeiten benutzt worden waren, geräumt und gesprengt – ein unangenehmes, aber wirkungsvolles Abschreckungsmittel. In keinem einzigen Fall wurde ein überführter Terrorist zum Tode verurteilt und hingerichtet, wie grausam auch seine Ausschreitungen gegenüber unschuldigen Zivilpersonen gewesen sein mögen. Seit einigen Jahren beschränkt sich nunmehr der Terrorismus in diesen Gebieten auf einige sporadische Zwischenfälle.

Aus arabischen Quellen wurden wiederholt unbegründete Behauptungen über die Folterung inhaftierter Terroristen verbreitet – Behauptungen, die von Israel kategorisch bestritten und widerlegt wurden. Seit 1967 unterhält das Internationale Komitee vom Roten Kreuz (IKRK) eine ständige Delegation in Tel Aviv mit Zweigstellen in Jerusalem und Gaza. Seinen Vertretern wird jede Möglichkeit zum regelmäßigen Besuch der aus Sicherheitsgründen einsitzenden Gefangenen und Häftlinge in Israel und den verwalteten Gebieten eingeräumt; sie können frei und unter vier Augen mit ihnen sprechen und ihre Haftbedingungen prüfen. Seit 1978 können die IKRK-Vertreter derartige Besuche nach Ablauf von 14 Tagen seit der Inhaftierung durchführen. Sie können also überprüfen, ob die Häftlinge unter menschenwürdigen Bedingungen leben.

Der Mythos von der verfolgten Minderheit

Wird die arabische Minderheit in Israel diskriminiert?

Während der Kampfhandlungen in den Jahren 1948–49 fand eine allgemeine arabische Auswanderung statt, aber 160 000 Araber blieben in Israel. Durch das natürliche Wachstum und die Wiederaufnahme zehntausender Flüchtlinge in Israel ist die Zahl der Araber auf 660 000 gestiegen. Die Minderheiten in Israel setzen sich zu 78 Prozent aus Muslimen, zu 14 Prozent aus Christen und zu 8 Prozent aus Drusen und Zirkassiern zusammen. Das israelische Recht gewährt ihnen allen, unabhängig von Rasse, Religion oder Sprache, eine volle und gleichberechtigte Staatsbürgerschaft. Jeder Knesset gehören arabische und drusische Abgeordnete an. Die Debatten werden simultan ins Arabische übersetzt, und arabische Mitglieder können sich in ihrer Sprache an das Hohe Haus wenden.

Es entspricht der amtlichen Politik, die Sprache, Kultur und Traditionen der arabischen Minderheit im Bildungswesen und im Alltagsleben zu pflegen. Das Arabische ist zusammen mit dem Hebräischen Amtssprache, und es werden sehr viele arabische Bücher und Zeitschriften veröffentlicht. Es gibt arabische Tageszeitungen ebenso wie Fernseh- und Rundfunkprogramme. Das Arabische ist Unterrichtsfach an jüdischen Sekundarschulen, und an den israelischen Universitäten werden wissenschaftliche Forschungen im Bereich der Geschichte und Literatur des arabischen Nahen Ostens betrieben.

Die arabischen Dörfer gedeihen, und ihr landwirtschaftlicher Ertrag hat sich seit der Errichtung des Staates Israel vervielfacht. Nach 1948 sank die Analphabetenrate in der arabischen Bevölkerung von 95 Prozent auf 5 Prozent; die Zahl der Schüler erhöhte sich von 10 000 auf 180 000 und diejenige der Hochschulstudenten von 15 auf 3000.

Wie andere Teile der Bevölkerung haben auch die israelischen Araber ihre Forderungen und Beschwerden und bringen sie auf allen in einer demokratischen Gesellschaft verfügbaren Wegen zum Ausdruck. Insgesamt gesehen sind sie wohlhabend, gesetzestreu und recht gut integriert.

Sie stehen allerdings vor der Notwendigkeit, ihre Loyalität

zum Staate mit ihren gesamtarabischen Bindungen zu vereinbaren. Dies ist der Grund für ihre Freistellung vom obligatorischen Wehrdienst, den ihre israelischen Mitbürger zu leisten haben. Im Rahmen eines künftigen friedlichen Verhältnisses zwischen der israelischen und der arabischen Welt werden die israelischen Araber eine wertvolle Brückenfunktion erfüllen. Solange der allgemeine Konflikt jedoch andauert, können sie von ihm nicht unberührt bleiben. Die Frage ihrer Identität stellt sich seit 1967 in zugespitzterer Form. Es entstanden engere Kontakte zwischen ihnen und ihren Landsleuten in Judäa-Samaria, im Gaza-Streifen und in Jordanien; manche Angehörige der jüngeren Generation wurden in die nationalistischen und radikalen Meinungsströme in diesen Gebieten hineingezogen und durch die von der PLO erlangte internationale Anerkennung beeinflußt.

In amtlichen Kreisen und in der Presse wurde die Meinung geäußert, daß in bestimmter Hinsicht mehr für die arabische Gemeinschaft getan werden könnte, zum Beispiel durch die Eröffnung breiterer Beschäftigungsmöglichkeiten im öffentlichen Dienst für Hochschulabsolventen und Personen mit einer gehobenen Berufsausbildung. Aber man ist sich im Land allgemein einig darüber, daß die Behandlung der arabischen Minderheit durch Israel grundsätzlich fair und verständnisvoll ist und daß dies auch so bleiben soll. Ferner hat die Regierung Vorschläge verworfen, wonach die moskauhörige und regierungsfeindliche Neue Kommunistische Partei verboten oder ihre Tätigkeit eingeschränkt werden soll. Israel steht zu seinem demokratischen System mit dem Recht auf freie politische Meinungsäußerung und Betätigung, vorbehaltlich der Notwendigkeit der Wahrung der öffentlichen Ordnung.

Die Anwesenheit einer umfangreichen arabischen Minderheit in einem vorwiegend jüdischen Staat mag im Gesamtzusammenhang des israelisch-arabischen Konflikts einige sensible Aspekte aufweisen. Dennoch entbehrt der in der arabischen Propaganda erhobene Vorwurf der Unterdrückung oder Diskriminierung jeder tatsächlichen Grundlage. Keine Minderheit in einem arabischen Land genießt so viel Freiheit, Gleichheit und einen so hohen Lebensstandard wie die israelischen Araber.

Der Mythos von den jüdischen Minderheiten in arabischen Ländern

Ist es wahr, daß die jüdischen Gemeinschaften in arabischen Ländern in Frieden und Eintracht lebten, bis sie Opfer des Zionismus wurden?

Im ganzen Nahen Osten und in Nordafrika gab es schon Tage vor der arabischen Eroberung im 7. Jahrhundert n. Chr. jüdische Gemeinschaften. Unter arabischer Herrschaft gab es bestimmte Epochen, in denen die Juden mancherorts Toleranz und Wohlstand erlebten, insbesondere im maurischen Spanien des 10. und 11. Jahrhunderts. Aber dies waren eben nur Episoden. Im allgemeinen wurden die Juden in Ghettos verwiesen, sie mußten eine besondere Kleidung tragen, waren Einschränkungen und Demütigungen ausgesetzt, wurden von Zeit zu Zeit Opfer blutiger Gewaltausbrüche und waren bestenfalls Bürger zweiter Klasse.

In den letzten Jahrzehnten hat sich ihre Lage mit dem Aufkommen des arabischen Nationalismus und mit dem arabischen Krieg gegen Israel verschlechtert. Die wehrlosen Juden wurden zu Sündenböcken und Geiseln. Sie waren allerdings nicht die einzigen Minderheiten, die in arabischen Ländern unter Diskriminierungen und Anschlägen zu leiden hatten. Der irakische Krieg gegen die Kurden, der sudanesische Krieg gegen die schwarze Bevölkerung im südlichen Sudan, die Anschläge auf die Kopten in Ägypten, die ungewisse Zukunft der libanesischen Christen – all dies sind augenfällige Beispiele einer allgemeinen Haltung der Intoleranz gegenüber ethnischen und religiösen Minderheiten in der arabischen Welt der Gegenwart.

Die Ereignisse um die Entstehung Israels wurden in den arabischen Staaten von antijüdischen Erlassen und Unruhen begleitet. Viele Juden wurden getötet oder verletzt; jüdische Geschäfte und jüdisches Eigentum wurden beschlagnahmt oder geplündert. Es begann eine Massenflucht der Juden, vor allem in den Staat Israel. Zuweilen, wie im Falle des Irak und Jemens, wurden ganze Gemeinschaften auf dem Luftweg herausgeschafft.

1948 gab es fast 900 000 Juden in den arabischen Staaten. Ihre Zahl für das Jahr 1983 liegt unter 30 000 (s. die Aufstellung nach Ländern weiter unten). Von den überlebenden Restgruppen dieser alteingesessenen Gemeinschaften bereitet diejenige in Syrien die größten Sorgen. Die noch dort lebenden Juden werden barbarischen Einschränkungen und wirtschaftlichem Druck ausgesetzt, es wird ihnen verboten, das Land zu verlassen, und sie dürfen, zumindest offiziell, sich ohne besondere Genehmigung nicht mehr als drei Kilometer von ihrem Wohnsitz entfernen.

Land	1948	1983
Marokko	285 000	18 000
Algerien	140 000	400
Tunesien	110 000	4 000
Libyen	38 000	keine
Ägypten	75 000	250
Irak	135 000	300
Syrien	18 000	4 500
Libanon	20 000	200
Jemen	55 000	1 200
Südjemen (Aden)	8 000	keine
	884 000	28 850

Bis vor kurzem wurden einige tausend im Irak verbliebene Juden in ähnlicher Weise festgehalten. Die grauenhaften Ereignisse des Jahres 1969, als elf Juden auf dem Hauptplatz von Bagdad öffentlich erhängt wurden, weckten weltweit Besorgnis. Seither ist es fast allen irakischen Juden gelungen, zu fliehen.

Eines der beunruhigendsten Merkmale der gegenwärtigen arabischen Politik und Geisteshaltung ist deren antisemitischer Unterton. Arabische Übersetzungen von »Klassikern« wie der berüchtigten zaristischen Fälschung der »Protokolle der Weisen von Zion« und von Hitlers »Mein Kampf« finden offiziell eine weite Verbreitung, und arabische Zeitungen veröffentlichen perverse judenfeindliche Witzzeichnungen, die unmittelbar Streichers »Der Stürmer« aus dem Nazi-Deutschland entnommen sein könnten. 1974 übergab der inzwischen verstorbene König Feisal von Saudi-Arabien feierlich ein Exemplar der »Protokolle« einem namhaften jüdischen Besucher, dem amerikanischen Außenminister Henry Kissinger! Die uralte Verleumdung, die Juden töteten nichtjüdische Kinder und verwendeten ihr Blut für rituelle Zwecke, feiert Urstände. Verletzendes judenfeindliches Material fand seinen Weg in Schulbücher. Die in Judäa-Samaria und im Gaza-Streifen verwendeten Lehrbücher wurden von dieser Haßpropaganda gesäubert, als diese Gebiete 1967 israelischer Verwaltung unterstellt wurden; die mit Hilfe der UNESCO unterhaltenen UNRWA-Schulen für Flüchtlinge sahen sich zu ähnlichen Maßnahmen gezwungen.

Ende 1975 wurden in westlichen Zeitungen von der irakischen Regierung bezahlte Anzeigen eingerückt, in denen die irakischen Juden aufgefordert wurden, in ihr Geburtsland zurückzukehren. Diese Anzeigen ließen mehrere Fragen offen. Die jüdische Gemeinschaft im Irak hatte seit den Zeiten des Babylonischen Exils vor 2500 Jahren bestanden; warum hätten diese Menschen sich selbst entwurzeln und als Flüchtlinge unter Zurücklassung ihres ganzen Hab und Guts fliehen sollen, wenn sie nicht dazu gezwungen worden wären? Die Behauptung, dieser Auszug sei durch »zionistische Propaganda« herbeigeführt worden, ist lächerlich. Warum wohl hatte die irakische Regierung mehr als ein Vierteljahrhundert gewartet, bevor sie diese Juden zur Rückkehr aufforderte? Warum gab es auch nicht andeutungsweise ein Zeichen der Bereitschaft, ihr beschlagnahmtes Vermögen zurückzugeben oder eine Entschädigung zu gewähren? Diese plötzliche »Einladung« war ein billiger Propagandatrick.

Ein arabischer Jude, Albert Memmi aus Tunesien, der später Soziologieprofessor an der Sorbonne in Paris wurde, hat eine bewegende Beschreibung jüdischen Lebens in arabischen Ländern gegeben. Memmis Familie hatte mehrere Generationen lang in Tunesien gelebt, und er selbst hatte bei der Erlangung der Unabhängigkeit dieses Landes von der französischen Herrschaft eine aktive Rolle gespielt. Er schreibt, daß die jüdische

Vergangenheit sogar in dem relativ gemäßigten Tunesien niederdrückend gewesen sei und es den Juden im großen und ganzen unter dem französischen Kolonialregime besser ergangen sei und sie größere Sicherheit genossen hätten als je zuvor oder auch wieder nach der Unabhängigkeit. »Es gibt in keinem arabischen Land mehr eine jüdische Gemeinschaft, und Sie werden nicht einen einzigen arabischen Juden finden, der bereit ist, in sein Geburtsland zurückzukehren.«

Der Mythos von der mangelnden Lebensfähigkeit

Ist Israel ein mit fremder Hilfe aufgepäppeltes Kunstgebilde?

Die Araber lassen sich in ihrem Denken unter anderem von der Vorstellung leiten, daß Israel nur durch ausländische Hilfe am Leben erhalten wird und ohne eine derartige Hilfe zusammenbrechen würde. Hieraus erklärt sich der arabische Boykott, der nicht nur gegen Israel selbst, sondern auch gegen Drittstaaten verhängt wurde, die in Israel investieren oder mit dem Land Handel treiben. Es wird wie folgt argumentiert: Selbst wenn Israel nicht durch Waffengewalt überwältigt werden kann, so kann es doch durch wirtschaftliche Maßnahmen erdrosselt werden. (Die Unterstellung von Israels wirtschaftlicher Schwäche steht im Gegensatz zu einer weiteren arabischen »Ente« – wonach der Friedenszustand Israel in die Lage versetzen würde, das Wirtschaftsleben in der Region zu beherrschen!)

Israel wäre ohne einen beträchtlichen Zustrom ausländischen Kapitals nicht fähig gewesen, gleichzeitig mit der Masseneinwanderung fertigzuwerden, eine dynamische Entwicklung voranzutreiben und eine schwere Verteidigungslast zu tragen. Dieses Kapital stammte aus verschiedenen Quellen: jüdischen Spendensammlungen, Verkauf von Israel-Anleihen, amerikanischen Zuschüssen, Entschädigungs- und Wiedergutmachungszahlungen aus Westdeutschland sowie Krediten ausländischer Regierungen und der Weltbank.

Der Kapitalzufluß wurde von der schöpferischen Kraft des israelischen Volkes erfolgreich genutzt. Kein neuer Staat in der heutigen Welt hat ein derartiges Binnenwachstum mit so beschränkten Mitteln erzielt. Infolge des Ansteigens der Bevölkerungszahl und des Bruttosozialprodukts stellen die Mittel aus dem Ausland nur noch einen geringen Anteil des staatlichen Gesamthaushalts dar. Ihre finanzielle Bedeutung liegt im wesentlichen darin, daß sie zur Deckung der Lücken in der Außenhandelsbilanz und zur Schaffung von Fremdwährungsreserven verwendet werden.

Israel steht vor schwierigen Problemen und Zwängen, insbesondere dem der Inflation und des Überschusses der Einfuhren über die Ausfuhren (was weitgehend auf die Verteidigungsbedürfnisse zurückzuführen ist). Niemand ist sich dieser Zwänge besser bewußt als die Israelis selbst. Solange sie sich im Kriegszustand mit ihren Nachbarn befinden, werden sie wohl härter arbeiten und sparsamer leben müssen. Aber die israelische Wirtschaft ruht auf festen Fundamenten und ist leistungsfähig. Sie als nicht lebensfähig zu bezeichnen, ist unsinnig.

Der Mythos
von der Ablehnung durch die Dritte Welt

Wie steht es um die Beziehungen zwischen Israel und der sogenannten Dritten Welt?

Israel ist einer der zahlreichen Staaten, die in der heutigen Zeit im Zuge des historischen Prozesses der Entkolonialisierung unabhängig geworden sind. Mit den meisten anderen Entwicklungsstaaten unterhält Israel nicht nur freundschaftliche diplomatische Beziehungen, sondern es arbeitet auch eng mit ihnen auf jedem fortschrittsträchtigen Gebiet zusammen. Diese Länder sahen in Israel ein Musterbeispiel für sich selbst: ein neuer Staat, der zu klein war, um irgendwelche Furcht vor Beherrschung auszulösen, der aber das Geschick, die Ausbildung und die Erfahrung im Aufbau einer Nation besaß, die ihnen abgingen; Israel seinerseits empfand es als eine zionistische Aufgabe, anderen Entwicklungsländern zu helfen. Man hoffte außerdem, daß gute Beziehungen dieser Länder sowohl zu Israel als auch zu den arabischen Staaten der Friedenssicherung im Nahen Osten dienlich wären.

Die technischen Hilfsprogramme Israels in Afrika, Asien, Lateinamerika und dem nichtarabischen Nahen Osten stellen ein bedeutsames Kapitel in den Annalen der internationalen Zusammenarbeit dar. Beginnend mit Burma im Jahr 1953 und mit Ghana 1957 spannte sich ein Netz von Projekten und Ausbildungskursen über mehr als 80 Länder. Jährlich arbeiteten etwa 600 israelische Fachleute im Ausland, vorwiegend im Rahmen unmittelbarer bilateraler Programme, aber auch durch Vermittlung von Unterorganisationen der Vereinten Nationen. Ungefähr 1300 Studenten und Praktikanten aus diesen Ländern nahmen in jedem Jahr an Kursen in Israel teil, und weitere 1000 oder noch mehr erwarben einen Abschluß bei Lehrgängen, die von israelischen Ausbilderteams in Entwicklungsländern veranstaltet wurden. Etwa die Hälfte der Projekte bezog sich auf sämtliche Bereiche der landwirtschaftlichen Entwicklung; weitere Gebiete waren Naturwissenschaften, Medizin und öffentliches Gesundheitswesen, Jugendarbeit, Bildungswesen, die Rolle der Frau in einer Entwicklungsgesellschaft, Bauwesen, Verwaltung, Sozialarbeit, Genossenschaftswesen, Berufsausbildung, kommunale Entwicklung und Sicherheitskräfte. Im ersten Jahrzehnt des technischen Hilfsprogramms gab die israelische Regierung dafür 60 Millionen Dollar aus.

Israels Partner bei dieser fruchtbaren Zusammenarbeit wurden starkem arabischen Druck ausgesetzt. Dies galt besonders für Afrika, wo einige arabische Staaten Mitglieder der Organisation für Afrikanische Einheit (OAU) waren. Als Preis für die arabische Unterstützung im Kampf um afrikanische Streitpunkte – die südafrikanische Apartheid, Rhodesien, Namibia und die portugiesischen Kolonien – wurde von den schwarzafrikanischen Staaten der Abbruch ihrer Beziehungen zu Israel verlangt. Ihr Bedarf an Erdöl und Entwicklungskapital wurde ausgebeutet, und die muslimischen Gemeinschaften in Afrika wurden als Hebel benutzt. Beim Ausbruch des Krieges im Oktober 1973 wurden die meisten afrikanischen Freunde Israels dazu veranlaßt, ihre Beziehungen zu Israel abzubrechen. Im allgemeinen geschah dies widerwillig, mit dem entschuldigenden Hinweis, daß dadurch eine Spaltung innerhalb der OAU vermieden werde, und eine Reihe der betroffenen Länder unterhält weiterhin informelle Beziehungen zu Israel.

Für Israel war dies eine bedauerliche Entwicklung, die ihm das Gefühl einer noch stärkeren Isolierung auf der internationalen Bühne gab. Aber Israel sieht in dem Verlust der formellen Beziehungen zu diesen Staaten nicht eine allgemeine ideologische Identifizierung der Dritten Welt mit der arabischen Feindseligkeit.

1982 stellte Zaire die diplomatischen Beziehungen zu Israel wieder her, und man hofft, daß weitere afrikanische Staaten folgen werden. Einer der Gründe, die ursprünglich für den Bruch mit Israel angeführt worden waren, war die israelische Besetzung von Gebieten, die zu Ägypten, einem afrikanischen Land, gehören. Dieser Grund ist durch den endgültigen Rückzug Israels aus der Sinai-Halbinsel im Jahr 1982 hinfällig geworden.

Die Beziehungen zwischen Israel und Lateinamerika sind im allgemeinen weiterhin gut.

Es gibt keinen eingewurzelten oder echten ideologischen oder Interessen-Konflikt zwischen Israel und der Entwicklungswelt.

4. Die Zukunft der palästinensischen Araber

Wer sind die palästinensischen Araber?

Während der Feindseligkeiten des Jahres 1948, die das Ende des britischen Mandats und die Geburt Israels mit sich brachten, wurde die arabische Bevölkerung des Mandatsgebiets Palästina in verschiedene Gebiete verstreut.

Zwischen 500 000 und 600 000 verließen das Gebiet, das zum Staat Israel wurde, und schlossen sich ihren arabischen Brüdern in Judäa-Samaria, im Gaza-Streifen, in Transjordanien, im Libanon und Syrien an. Ungefähr 160 000 blieben in Israel und wurden israelische Staatsbürger.

Judäa-Samaria wurde von Jordanien besetzt und annektiert, und die jordanische Staatsbürgerschaft wurde sowohl den dort lebenden Einheimischen als auch den Flüchtlingen verliehen. Diese Staatsangehörigkeit behielten sie auch unter der israelischen Verwaltung seit 1967.

Der Gaza-Streifen wurde 1948 von Ägypten besetzt und blieb unter ägyptischer Militärherrschaft, bis er im Krieg von 1967 von Israel eingenommen wurde. Solange Ägypten dieses Gebiet besetzt hielt, machte es keinen Versuch, es zu annektieren, und verlieh seinen Bewohnern auch nicht die ägyptische Staatsbürgerschaft. Sie blieben daher seit der Beendigung des britischen Mandats staatenlos.

In Syrien und im Libanon wurde den palästinensisch-arabischen Flüchtlingen kein politischer Status zugesprochen, und sie blieben staatenlos.

Im Lauf der Zeit zogen zehntausende palästinensischer Araber in andere arabische Länder der Region (vorwiegend angezogen durch Beschäftigungsmöglichkeiten in den erdölproduzierenden Ländern des Persischen Golfs), oder sie wanderten nach Europa, den Vereinigten Staaten, Kanada und Lateinamerika aus.

Die geschätzte Gesamtzahl von knapp vier Millionen palästinensischen Arabern verteilt sich wie folgt:

Gebiet	Anzahl
Israel	640 000
* Jordanien	1 200 000
Judäa-Samaria	720 000
Gaza-Streifen	450 000
Insgesamt in dem ursprünglichen Palästina-Mandatsgebiet	3 010 000
Libanon	220 000
Syrien	180 000
** Andere arabische Länder	220 000
*** Außerhalb des Nahen Ostens	220 000
Insgesamt außerhalb des ursprünglichen Palästina-Mandatsgebiets	840 000
Gesamtzahl (sämtlicher palästinensischer Araber)	3 850 000

Diese Zahlen zeigen, daß 80 Prozent der palästinensischen Araber weiterhin innerhalb des Gebiets wohnen, das ursprünglich dem Palästina-Mandat (Israel in den Grenzen vor 1967, Jordanien, Judäa und Samaria sowie der Gaza-Streifen) unterstellt wurde. Zwei Drittel ihrer Gesamtzahl sind Bürger Israels oder Jordaniens. Es ist daher irreführend, von den palästinensischen Arabern als von einem staatenlosen Volk in der Verbannung zu sprechen. Sie haben nämlich eine Heimstätte in

* Diese Zahlen beziehen sich auf palästinensische Araber, die aus dem ehemaligen Westpalästina nach Jordanien ausgewandert sind. Tatsächlich sind alle Jordanier palästinensische Araber, da Transjordanien (das jetzige haschemitische Königreich Jordanien) Bestandteil des Mandats Palästinas war.
** Hauptsächlich erdölproduzierende Länder wie Kuweit und Saudi-Arabien.
*** Einschließlich Europa, Lateinamerika, Vereinigte Staaten und Kanada.

Jordanien, das eine palästinensisch-arabische Minderheit besitzt – oder sogar insgesamt eine palästinensisch-arabische Bevölkerung aufweist, rechnet man die ursprünglichen Bewohner Transjordaniens hinzu.

Gibt es ein palästinensisches Staatsvolk?

Dies ist ein strittiger Punkt, der letztlich nur von den palästinensischen Arabern selbst beantwortet werden kann. Während der vier Jahrhunderte der osmanischen Herrschaft gab es kein solches Staatsvolk. Das Gebiet, für welches Großbritannien das Mandat übertragen wurde, galt als Teil Syriens, und seine arabischen Bewohner waren nicht der Ansicht, daß sie eine sie von den Syrern unterscheidende Identität besäßen. Während der 30jährigen britischen Herrschaft entwickelte sich innerhalb der arabischen Gemeinschaft Palästinas ein Nationalgefühl, und ihre Führer unterbreiteten den britischen Kommissionen nationale Ansprüche für die Zukunft des Landes. Offiziell standen sämtlichen Einwohnern, Arabern wie Juden, die palästinensische Staatsbürgerschaft und palästinensische Pässe zu. Während des Zweiten Weltkriegs bestanden die in der britischen Armee dienenden »palästinensischen« Einheiten fast ausschließlich aus Juden.

Nach 1948 wurde die Lage noch verwickelter. Mit Erlöschen des Mandats verschwand Palästina als Gebietskörperschaft von der Landkarte. Der einzige Gebietsteil, der nicht einem unabhängigen Staat einverleibt wurde, war der Gaza-Streifen. Die palästinensischen Araber in Israel sind Israelis. Die palästinensischen Araber in Jordanien und Judäa-Samaria, einschließlich aller Flüchtlinge in diesen Gebieten, sind jordanische Staatsangehörige. Vor der Aktion »Frieden für Galiläa« im Jahr 1982 holte sich die PLO ihre Rekruten hauptsächlich aus den Flüchtlingslagern der UNRWA im Libanon, die zu Stützpunkten für ihre Einsätze geworden waren.

Es ist völlig verfrüht, anzunehmen, daß all die verschiedenen Splittergruppen palästinensischer Araber in diesen verschiedenen Gebieten ein einheitliches Staatsvolk bilden und eine gemeinsame nationale Zukunft anstreben. Sie selbst haben dies nie behauptet, was auch immer die PLO, die Arabische Liga oder die Vereinten Nationen in ihrem Namen sagen mögen.

Das einschlägige Camp-David-Rahmenabkommen enthält einen sehr allgemein gehaltenen und unverbindlichen Hinweis auf »die legitimen Rechte des palästinensischen Volkes und seine gerechten Forderungen...« Der Hauptteil des Abkommens befaßt sich jedoch nicht mit dem »palästinensischen Volk« als solchem, sondern nur mit der Zukunft von zwei besonderen, der israelischen Herrschaft unterliegenden Gruppen – den arabischen Bewohnern in Judäa-Samaria und im Gaza-Streifen.

Was ist die PLO, und wen vertritt sie?

Die »Palästinensische Befreiungsorganisation« wurde 1964 unter der Schirmherrschaft der Arabischen Liga in Kairo gegründet. Zunächst wurde sie von Nasser beherrscht und diente als Werkzeug der ägyptischen Politik. Später kam sie unter syrischen Einfluß. Nach der vernichtenden Niederlage der arabischen Armeen im Jahr 1967 trat die PLO als selbsternannter Bannerträger des »bewaffneten Kampfes« gegen Israel in den Vordergrund. Die »Fedajin« (Terroristen) ihrer Mitgliedergruppen erhielten weltweit eine Publizität, die in keinem Verhältnis zu ihrer tatsächlichen Stärke stand. Sie waren in der Lage, isolierte Terrorakte gegen Zivilpersonen zu begehen, und machten gelegentlich Schlagzeilen, wie im Falle des Massakers der israelischen Sportler bei den Olympischen Spielen in München oder der wiederholten Flugzeugentführungen im September 1970. Aber in ihrem Hauptziel, einen Guerillakrieg zu entfalten, scheiterten sie, und im allgemeinen militärischen Gleichgewicht in der Region fallen sie nicht in die Waagschale.

Auf der arabischen Gipfelkonferenz von Rabat, Marokko, im Jahr 1974, wurde die PLO zum einzigen Vertreter der palästinensischen Araber benannt. Danach erhielt sie den Status eines offiziellen Beobachters bei den Vereinten Nationen und wurde eingeladen, an den Nahost-Debatten in der

Vollversammlung und im Sicherheitsrat teilzunehmen. Diese diplomatischen Erfolge haben ihr internationales Ansehen und einen entsprechenden Status verschafft, aber dies entspricht nicht den Realitäten des Lebens in der Region.

Die PLO bleibt ein Zusammenschluß von Terroristengruppen ohne Mandat der palästinensischen Araber. Im Laufe des Bürgerkriegs in Jordanien in den Jahren 1970–71 wurde sie von der jordanischen Armee (in der übrigens zumeist westpalästinensische Offiziere und Mannschaften dienen) zerschlagen und aus dem Lande getrieben. Seither weigern sich König Hussein und seine Regierung beharrlich, sie wieder auf jordanischem Gebiet tätig werden zu lassen.

Die PLO war tief in den libanesischen Bürgerkrieg verwickelt, der 1975 ausbrach. Sie verbündete sich mit linksgerichteten libanesischen Muslimen und drusischen Gruppen gegen die von der Phalange angeführten christlichen Streitkräfte. Im Lauf der Kampfhandlungen gewann die PLO die Kontrolle über wesentliche Teile West-Beiruts und ein umfangreiches Gebiet im Süden Libanons, wo sie praktisch über einen »Staat im Staate« herrschte und ein gewaltiges Arsenal moderner Waffen und eine ausgedehnte militärische Infrastruktur aufbaute. Die PLO spielte also eine bedeutsame Rolle bei der Auflösung der libanesischen Republik. Zur Erleichterung und Genugtuung der meisten Libanesen, einschließlich der gesamten christlichen Gemeinschaft, wurde durch die Aktion »Frieden für Galiläa« 1982 der Mini-Staat der PLO zerschlagen und die PLO aus West-Beirut vertrieben. Zum ersten Mal seit vielen Jahren eröffnete sich die Aussicht auf eine Wiederherstellung der Unabhängigkeit und territorialen Integrität dieses zersplitterten Landes – unter der Voraussetzung, daß die fremden Streitkräfte aus seinem Gebiet abgezogen und innere Einheit unter den sich befehdenden libanesischen Gemeinschaften erzielt werden können.

Anfang 1983 blieben noch ungefähr 15 000 PLO-Kämpfer in zwei Gebieten des Libanon konzentriert, die sich noch unter der militärischen Kontrolle Syriens befinden: im Bekaa-Tal im Osten und in der Hafenstadt Tripoli im Norden. Die PLO hatte inzwischen in Tunis, in der Nähe des Sitzes der Arabischen Liga, ein neues Hauptquartier aufgeschlagen, wenn auch die radikaleren Gruppen der PLO sich in Damaskus niederließen.

Der Anspruch der PLO, im Namen der Palästinenser zu sprechen, leidet unter dem entscheidenden Mangel, daß die israelische Regierung nichts mit ihr zu tun haben will. Nur wenige Bewohner von Judäa-Samaria und des Gaza-Streifens glauben, daß das Schlagwort der PLO von einem »bewaffneten Kampf« Israels Herrschaft über diese Gebiete brechen werde. Ganz im Gegenteil sind die meisten der Auffassung, daß ihre Zukunft abhängig ist von einer auf dem Verhandlungswege zustandekommenden Regelung. Eine derartige Regelung kann nur durch Verhandlungen zwischen Israel, Jordanien, Ägypten und den gewählten Vertretern der einheimischen Bevölkerung, wie in den Camp-David-Vereinbarungen vorgesehen, erreicht werden. Die PLO schließt sich selbst als Verhandlungspartner Israels aus, da sie sogar Israels Existenzrecht als Staat abstreitet und die UN-Resolution 242 als Verhandlungsgrundlage ablehnt.

Noch aufschlußreicher ist die Feststellung, daß sogar nach der Konferenz von Rabat im Jahre 1974 und König Husseins scheinbarer Zustimmung zu deren Spruch sich in der Region nichts geändert hat. Für die Bewohner der West Bank blieb es bei ihrer jordanischen Staatsangehörigkeit und Staatstreue. Amman wiederum festigte seine Bande zu Judäa-Samaria bis hin zur Zahlung der Gehälter an Beamte und Lehrkräfte sowie von Zuschüssen an Kommunalbehörden. Die Brücken über den Jordan blieben offen. Im Januar 1976 berief Hussein das jordanische Parlament zu einer kurzen Sitzung ein, um die fälligen Wahlen zu vertagen. Der Sitzung wohnten ordnungsgemäß die westpalästinensischen Abgeordneten bei, welche die Hälfte der Sitze einnehmen. Die PLO veröffentlichte eine zornige Erklärung, in der dieser Schritt als eine Verletzung des in Rabat gefaßten Beschlusses angeprangert wurde.

Nach dem Zustandekommen der Camp-David-Vereinbarungen stellten die arabischen Staaten der Ablehnungsfront für die West Bank Mittel zur Verfügung, die über ein gemeinsames, aus Vertretern Jordaniens und der PLO zusammengesetztes Komitee weitergeleitet werden sollten. Die PLO beschwerte sich darüber, daß König Hussein in Wirklichkeit das Komitee umgehe und die Gelder zur Wahrung seines eigenen Einflusses in der West Bank durch ein besonderes Regierungsressort verwende, das er zu diesem Zweck in Amman gebildet habe.

Zeugt es nicht von einer vernünftigen Haltung der PLO, wenn sie die Errichtung eines »demokratischen, säkularen« palästinensischen Staates fordert, in dem Christen, Muslime und Juden gleichberechtigt leben sollen?

Dies entspricht nicht der Haltung der PLO, sondern ist eine für den Gebrauch der öffentlichen Meinung in der Außenwelt bestimmte Propagandaparole. Der wahre Standpunkt der PLO ist, daß der Staat Israel zerstört, der größte Teil seiner jüdischen Bevölkerung gewaltsam vertrieben und das gesamte Land in einen palästinensisch-arabischen Staat umgewandelt werden muß. In diesem arabischen Staat verbleibende Juden könnten als besondere religiöse Gruppe geduldet werden, aber nicht als eine besondere nationale Gruppe. Aus diesem Grunde wird in der oben erwähnten Formulierung nicht von »Arabern und Juden« gesprochen, was auf einen binationalen Staat hindeuten könnte, sondern von »Muslimen, Christen und Juden«, eine Fassung, die nur einen religiösen Bedeutungsinhalt hat.

Die Ziele der PLO werden in dem Palästinensischen Nationalen Manifest dargelegt, das für jede Gruppe, die sich der PLO angeschlossen hat, verpflichtend ist. Dieses feierliche und verbindliche Dokument wurde 1964 auf einem Kongreß in Ost-Jerusalem verabschiedet und im Jahr 1968 vom Palästinensischen Nationalrat, dem obersten Organ der PLO, ergänzt.

In Artikel 1 des Manifestes heißt es, daß Palästina das Heimatland des arabisch-palästinensischen Volkes sei, daß es ein untrennbarer Teil des arabischen Mutterlandes sei und daß das palästinensische Volk ein Bestandteil der arabischen Nation sei. In anderen Artikeln wird behauptet, nur die palästinensischen Araber besäßen das Selbstbestimmungsrecht in Palästina, das ihnen in seiner Gesamtheit gehöre; jede Lösung, die nicht die totale »Befreiung« des Landes beinhaltet, wird abgelehnt; der einzige Weg, es zu befreien, sei der bewaffnete Kampf; der Zionismus sei eine unrechtmäßige Bewegung, und all seine Spuren müßten ausgelöscht werden; die einzigen Juden, denen es erlaubt sein werde, in dem palästinensisch-arabischen Staat zu bleiben, seien diejenigen, die »vor dem Beginn der zionistischen Invasion« in dem Land ansässig waren. (Dieser Satz wird als sich auf die Zeit vor der Balfour-Deklaration des Jahres 1917 beziehend ausgelegt!)

In dem Manifest wird nicht deutlich gesagt, wie die israelischen Juden entfernt werden sollen – es sind zur Zeit 3½ Millionen, und ihre Zahl wächst ständig an. Arabische Apologeten erläutern, die Juden würden in ihre Herkunftsländer heimgeschafft! Die Ironie des Schicksals will, daß der »demokratische säkulare Staat«, falls die Juden nicht vertrieben oder liquidiert werden können, eine jüdische Mehrheit hätte, selbst wenn die meisten palästinensischen Araber in das Land zurückkämen.

Das Manifest enthüllt den hoffnungslosen Fanatismus der PLO und die gefährliche Wirklichkeitsfremdheit ihrer Ziele. Im übrigen findet sich in den 32 Artikeln des Dokumentes nicht die geringste Erwähnung eines »demokratischen säkularen Staates«, eine Unterlassung, die beweist, daß dieses Schlagwort einzig und allein der Vernebelung der wahren Absichten der PLO dient.

Für den unvoreingenommenen Beobachter der nahöstlichen Szene birgt das Schlagwort eine beißende Ironie. Der einzige Staat in der Region, der zu Recht für sich in Anspruch nehmen könnte, demokratisch und säkular zu sein, ist Israel selbst. Allenfalls mit Ausnahme vom Libanon paßt diese Beschreibung für keines der arabischen Länder. Sie bekennen sich zum Islam als offizieller Religion, während ihre politischen Verhältnisse alles andere als demokratisch sind. Der Libanon stellt einen besonderen Fall dar, da seine Verfassung zwar demokratisch ist, aber auf die religiöse Zugehörigkeit abstellt. Der Bürgerkrieg von 1975/76 im Libanon war in erster Linie ein Machtkampf zwischen seinen muslimischen und christlichen Gemeinschaften, obwohl auch andere Faktoren eine Rolle spielten.

Kurzum, das Ziel der PLO hat weder mit Demokratie noch

mit Säkularismus etwas zu tun, sondern nur mit der Ersetzung Israels durch einen palästinensisch-arabischen Staat.

Hat die PLO ihren »bewaffneten Kampf« aufgegeben und die Notwendigkeit einer ausgehandelten Friedensregelung anerkannt?

Seit dem Jom-Kippur-Krieg von 1973 hatten einige europäische Regierungen und führende Persönlichkeiten die Auffassung, daß die PLO realistischer geworden sei, daß sie nichts anderes anstrebe als einen Staat in Judäa-Samaria und im Gaza-Streifen, der friedlich mit Israel zusammenleben würde, und daß sie eine Möglichkeit suche, sich unter Wahrung des Gesichts dem Friedensprozeß anzuschließen. Daraus wurde der Schluß gezogen, es liege an der israelischen Regierung, dem Selbstbestimmungsrecht für die palästinensischen Araber zuzustimmen und die PLO als ihren bevollmächtigten Sprecher zu akzeptieren. Erklärungen in diesem Sinne wurden von den neun Regierungen der Europäischen Gemeinschaft im Juni 1980 in Venedig abgegeben, ebenso wie von einzelnen Politikern, wie Bundeskanzler Bruno Kreisky von Österreich und dem französischen Staatspräsidenten Giscard d'Estaing. Der Glaube an eine »gemäßigte« PLO entsprang zum Teil einem (durch eine geschickte Propaganda der PLO im Westen geförderten) Wunschdenken, zum Teil dem Streben europäischer Regierungen, die arabischen Länder, die ihnen Erdöl verkauften, versöhnlich zu stimmen. Aber diese Regierungen empfanden allmählich Ernüchterung angesichts der kompromißlosen Positionen, welche die PLO weiterhin öffentlich vor den Vereinten Nationen und anderswo bezog.

Es trifft allerdings zu, daß innerhalb der PLO ständig eine Diskussion darüber im Gange war, ob sie sich bereit zeigen sollte, einen palästinensisch-arabischen Staat zu akzeptieren, der nur Judäa-Samaria und den Gaza-Streifen umfaßt. Die Befürworter machten geltend, daß ein derartiger, wenn auch flächenmäßig kleiner Staat als Stützpunkt für die nächste Etappe des Kampfes um das ganze »Palästina« dienen könnte. Die Gegner argumentierten, wenn die palästinensischen Araber erst einmal ein Staatswesen errungen hätten, und sei es auch räumlich noch so beschränkt, so würde die internationale Unterstützung für einen weiteren Kampf gegen Israel sich verflüchtigen. Bei der inneren Diskussion ging es also um die Taktik, nicht um die Endziele.

Der Krieg des Jahres 1982 im Libanon stellte die PLO vor eine neue Situation. Ihr militärisches Potential war zerschlagen worden. Die arabischen Staaten, die sie mit guten Worten und Geld unterstützten, hatten zu ihrer Rettung keine Hand gerührt und hatten sich gesträubt, die aus Beirut vertriebenen Mitglieder der PLO aufzunehmen. Die Hoffnung, daß Israel mit Waffengewalt vernichtet werden könnte, erschien noch illusorischer als je zuvor. Die Vereinigten Staaten hatten mit Vorschlägen Reagans eine neue Friedensinitiative ergriffen. Eine arabische Gipfelkonferenz in Fez hatte einen eigenen »Friedensplan« produziert. Jordanien suchte einen Weg, sich dem Friedensprozeß anzuschließen, ohne sich in der arabischen Welt zu isolieren. Die israelische Siedlungsbewegung in Judäa und Samaria gewann an Schwung.

Vor diesem Hintergrund nahm Arafat Gespräche mit König Hussein über die Möglichkeit auf, eine gemeinsame jordanisch-palästinensische Delegation für Verhandlungen mit dem langfristigen Ziel zu bilden, einen im Rahmen einer Konföderation mit Jordanien verbundenen, neuen palästinensischen Staat zu gründen. Nach fünf Monaten scheiterten die Gespräche, weil die extremistischen Elemente in der PLO, von Syrien und anderen arabischen Ländern der Ablehnungsfront unterstützt, in der Lage waren, jeden Vorschlag, der Hussein grünes Licht gegeben hätte, zu blockieren. Am 10. April 1983 kündigte der König an, Jordanien habe beschlossen, keine Friedensgespräche aufzunehmen, weder selbständig noch »an Stelle eines anderen«.

Es bleibt bei der unerfreulichen Tatsache, daß die PLO als solche von ihren grundlegenden Positionen nicht abgewichen ist. Ihr Manifest fordert immer noch die Liquidierung des »zionistischen Gebildes«. Sie lehnt die Resolutionen 242 und 338 des Sicherheitsrates ebenso wie die Camp-David-Vereinbarungen ab. Sie führt ihre feindselige Propaganda gegen Israel – und gegen Ägypten, weil es mit Israel Frieden geschlossen hat – fort. Die Terroranschläge gegen unschuldige Zivilpersonen, einschließlich jüdischer Gemeinden in der Diaspora, sind nicht eingestellt worden. Die von Syrien unterstützte Meuterei innerhalb der »Fatah« im Sommer 1983 unterstreicht die grundsätzliche Ablehnung jeder auf dem Verhandlungsweg herbeigeführten Regelung.

Warum lehnt es Israel ab, mit der PLO zu verhandeln?

Die Gründe ergeben sich aus der Antwort auf die vorhergehende Frage und lauten zusammengefaßt wie folgt: In den Augen Israels ist die PLO eine Terrororganisation, deren »bewaffneter Kampf« in der wahllosen Ermordung israelischer Zivilpersonen, Männer, Frauen und Kinder besteht. Israel sieht keine Aussicht, daß die PLO dazu gebracht werden kann, ihre in dem Nationalen Manifest ausdrücklich aufgeführten Ziele aufzugeben und zu einer Politik der Koexistenz mit Israel überzugehen. Schließlich akzeptiert die israelische Regierung die PLO auch nicht als einzig bevollmächtigten Wortführer aller palästinensischen Araber und ist nicht bereit, mit ihr so zu verhandeln, als ob ihr dieser Status zukäme.

Die sich auf die West Bank und auf den Gaza-Streifen beziehende Camp-David-Rahmenvereinbarung sieht keine Rolle für die PLO vor. An allen Phasen der Verhandlungen sollen sich die gewählten Vertreter der einheimischen palästinensisch-arabischen Bewohner in den beiden Gebieten beteiligen, zusammen mit der jordanischen Regierung, die für die palästinensisch-arabische Bevölkerung Jordaniens spricht.

Das Camp-David-Abkommen sieht dreierlei Verhandlungen vor:

a) Die erste Phase betrifft die Modalitäten zur Einsetzung einer gewählten Selbstregierung in der West Bank und in Gaza für eine fünfjährige Übergangsperiode der Selbstverwaltung. Als Partner für diese Gespräche wurden Ägypten, Israel und Jordanien benannt, und es wurde beschlossen, daß »die Delegationen Ägyptens und Jordaniens Palästinenser von der West Bank und aus dem Gaza-Streifen oder gemäß gegenseitiger Vereinbarung auch andere Palästinenser umfassen können«.

b) Spätestens im dritten Jahr der Selbstverwaltung sollen Verhandlungen über den endgültigen Status der beiden Gebiete geführt werden. Die Verhandlungspartner sind hier Ägypten, Israel und Jordanien sowie die gewählten Vertreter der einheimischen Bevölkerung.

c) Im Zusammenhang hiermit soll ein israelisch-jordanischer Friedensvertrag ausgehandelt werden, wobei die Gesprächspartner Israel, Jordanien und die gewählten Vertreter der einheimischen Bevölkerung unter Ausschluß Ägyptens sein sollen.

Warum sollte das palästinensisch-arabische Volk nicht in den Genuß des Selbstbestimmungsrechts kommen?

Auf den ersten Blick erscheint es gerecht, daß der Grundsatz der Selbstbestimmung – das Recht eines Volkes, über seine Zukunft selbst zu entscheiden – auch für die palästinensischen Araber gelten sollte. Aber bei genauerem Hinsehen ist die Angelegenheit alles andere als einfach.

Wie weiter oben festgestellt, wohnen mehr als 80 Prozent der palästinensischen Araber immer noch in dem Gebiet des ehemaligen Palästina-Mandats. Mehr als die Hälfte ihrer Gesamtzahl besitzt die jordanische oder die israelische Staatsangehörigkeit. In dem haschemitischen Königreich Jordanien (dem früheren Transjordanien) besteht die Bevölkerung mehrheitlich aus palästinensischen Arabern. Es wäre daher zu vereinfachend und irreführend, anzunehmen, es gebe ein einziges, entwurzeltes und heimatloses palästinensisch-arabisches Volk, das über seine Zukunft bestimmen sollte.

Die besondere Frage, die es zu lösen gilt, ist die Zukunft der beiden Gebiete West Bank und Gaza. Selbstverständlich sind bei der Behandlung dieser Frage die Wünsche der einheimischen Bevölkerung ein wesentlicher, zu berücksichtigender

Faktor. Aber sie sind nicht der einzige Faktor. Es geht auch um die nationalen Interessen der beiden souveränen Nachbarstaaten Israel und Jordanien. Im Falle Israels gilt das Hauptinteresse der nationalen Sicherheit.

Das Camp-David-Abkommen ist darauf bedacht, die verschiedenen beteiligten Interessen sorgfältig untereinander auszubalancieren. Es erkennt an, daß dieses äußerst komplexe Problem nicht durch einen einfachen Akt der Selbstbestimmung der in den Gebieten ansässigen Bevölkerung zu lösen ist. Eine realistische und dauerhafte Lösung setzt Verhandlungen und Zustimmung seitens all derer voraus, deren Interessen auf dem Spiel stehen. Die einheimische Bevölkerung muß Partner bei diesen Verhandlungen sein, aber ebenso die Regierungen der betroffenen Staaten.

Das Camp-David-Abkommen erkennt ferner an, daß die Zukunft der beiden Gebiete und ein künftiger israelisch-jordanischer Friedensvertrag miteinander zusammenhängende Fragen sind, die gemeinsam behandelt werden müssen.

Dies sind die Gründe, weswegen das Camp-David-Abkommen den palästinensischen Arabern in den beiden Gebieten nicht das Recht einräumt, »über ihre Zukunft zu bestimmen«, sondern nur das Recht, »sich an der Bestimmung ihrer Zukunft zu beteiligen«, eine Formulierung, die zuerst von US-Präsident Carter vorgeschlagen wurde.

Das Camp-David-Abkommen nimmt nicht nur Bezug auf die »legitimen Rechte« der palästinensischen Araber, sondern sagt auch genau, was unter diesem Ausdruck zu verstehen ist. Es handelt sich um das Recht der einheimischen Bevölkerung der West Bank und von Gaza, durch ihre gewählten Vertreter einen Sitz am Verhandlungstisch einzunehmen, wenn die Zukunft der Gebiete geregelt wird.

Welche Optionen bestehen für den künftigen Status von Judäa-Samaria und dem Gaza-Streifen?

Die Leitlinien von Camp David

In den Camp-David-Vereinbarungen wird ein zweistufiger Prozeß für die Behandlung der West Bank (Judäa und Samaria) und des Gaza-Streifens festgelegt. Zunächst soll es eine fünfjährige Übergangszeit der Selbstverwaltung für die arabischen Bewohner geben; Ausmaß und Art der Selbstverwaltung wurden in dem Abkommen nicht näher bestimmt, sondern den Verhandlungen überlassen. Zweitens sollen drei Jahre nach Inkrafttreten der Selbstverwaltung Verhandlungen über den endgültigen Status der Gebiete zwischen Israel, Ägypten, Jordanien und den gewählten Vertretern der einheimischen arabischen Bewohner der Gebiete beginnen.

Somit wurde anerkannt, daß die Zukunft dieser Gebiete mit der Zukunft der israelisch-jordanischen Beziehungen verknüpft ist.

In den auf Camp David folgenden vier Jahren wurde kein Fortschritt bei der Durchführung des oben beschriebenen Programms erzielt. Auch in längeren Erörterungen zwischen Ägypten, Israel und den Vereinigten Staaten gelang es nicht, ein Einverständnis über die Art der vorgeschlagenen Autonomie zu erzielen. Jordanien hielt sich heraus, und es trat in den Gebieten keine Führung in Erscheinung, die fähig und willens gewesen wäre, die einheimische arabische Bevölkerung zu vertreten. So stellte sich die Lage 1982 dar, als die Aktion »Frieden für Galiläa« die Aufmerksamkeit auf die Ereignisse im Libanon lenkte. Die Schlüsselfrage im Friedensprozeß blieb jedoch das Schicksal von Judäa-Samaria und des Gaza-Streifens. In dieser Frage gab es grundlegende Meinungsverschiedenheiten innerhalb Israels, innerhalb der PLO und innerhalb des arabischen Lagers allgemein.

Ein palästinensisch-arabischer Staat?

Wie schon weiter oben (S. 81) angegeben, besitzt Jordanien eine aus dem ehemaligen Westpalästina stammende arabische Mehrheit und kann als ein bereits existierender palästinensisch-arabischer Staat betrachtet werden. Trotzdem wurde auf der arabischen Gipfelkonferenz in Fez im September 1982 der Grundsatz eines außerhalb von Jordanien liegenden, neuen palästinensisch-arabischen Staates – der vermutlich Judäa, Samaria und den Gaza-Streifen umfassen soll – gutgeheißen.

Aus einer Reihe von Gründen ist diese Lösung jedoch für Israel unannehmbar. Zunächst einmal würde ein derartiger Staat mit ziemlicher Sicherheit unter die Herrschaft der PLO geraten. Von ihm aus würden weiterhin Annexionsansprüche auf den Rest »Palästinas« (d. h. Israel und Jordanien) erhoben werden, und er würde ein Stützpunkt für militärische und terroristische Anschläge jenseits der Grenzen werden, wie es der südliche Libanon bis zur Aktion »Frieden für Galiläa« gewesen ist. Aus dem gleichen Grunde würde ein weiterer palästinensisch-arabischer Staat auch eine ständige Bedrohung Jordaniens darstellen. Er wäre also nach den Worten der amerikanischen Regierung ein »destabilisierender Faktor« in der Region, und es überrascht nicht, daß in den Vorschlägen Reagans vom 1. September 1982 diese »Lösung« ausgeschlossen wurde.

Die Gefahr würde sich noch steigern, wenn der neue palästinensische Staat ein Schützling der Sowjetunion würde, die bereits die PLO unter ihre Fittiche genommen hat. Ein derartiger Staat wäre außerdem weder wirtschaftlich lebensfähig noch in der Lage, palästinensisch-arabische Flüchtlinge aus anderen Gebieten aufzunehmen.

Diese Besorgnisse sind stichhaltig genug, um die negative Haltung in Israel gegenüber einem möglichen dritten Staat, der zwischen Israel und Jordanien geschoben würde, zu erklären. Er würde neue, schwerwiegende Probleme schaffen, ohne die bestehenden zu lösen.

Man darf auch nicht vermuten, daß alle arabischen Staaten, die in Fez für einen unabhängigen palästinensisch-arabischen Staat stimmten, dies aufrichtig gemeint haben. Eine Reihe von ihnen fürchtet insgeheim eine derartige Aussicht.

Es läge durchaus im Sinne der Resolutionen des UN-Sicherheitsrates, wenn es in dem ehemaligen Palästina-Mandatsgebiet zwei und nicht drei Nachfolgestaaten gäbe. Der Gedanke an einen besonderen arabischen Staat zwischen Israel und Jordanien verlor an Boden, nachdem die Araber den UN-Teilungsplan am 29. November 1947 ablehnten. Das vom Sicherheitsrat gebilligte, israelisch-jordanische Waffenstillstandsabkommen von 1949 behandelte die Waffenstillstandslinie als eine provisorische Grenze zwischen den beiden Nachbarstaaten bis zur Festlegung einer endgültigen Grenze im Rahmen einer Friedensregelung. Desgleichen forderte die Sicherheitsrats-Resolution 242 aus dem Jahr 1967 einen gerechten und dauerhaften Frieden zwischen den »betroffenen Staaten« (in diesem Fall zwischen Israel und Jordanien), der eine vereinbarte »sichere und anerkannte Grenze« umfassen sollte. Zu beachten ist, daß es in den 19 Jahren (1948–1967), in denen Judäa-Samaria und der Gaza-Streifen unter jordanischer bzw. ägyptischer Herrschaft standen, keinerlei Anstalten zur Errichtung eines palästinensischen Staates in diesen Gebieten gegeben hat.

Israel: die innerstaatliche Erörterung

Die Meinungsunterschiede in Israel über die Zukunft dieser besetzten Gebiete haben die Tatsache etwas verschleiert, daß in bestimmten Punkten breite nationale Einhelligkeit besteht:

a) Keine Rückkehr zu den Waffenstillstandslinien vor 1967;

b) Ablehnung eines weiteren palästinensisch-arabischen Staates;

c) fortgesetzte militärische Präsenz Israels in den Gebieten;

d) die Hoffnung, daß ein gemeinsames Wirtschaftssystem weiterentwickelt wird, das die Freizügigkeit der Personen und Güter, gemeinsame Erschließung der Wasserressourcen, gemeinsamen Ausbau des Tourismus und gemeinsame Gewinnung der Bodenschätze des Toten Meeres sowie einen Verbund der Häfen, Flugplätze und Verkehrssysteme vorsieht.

Die Meinungsunterschiede in Israel beziehen sich auf den künftigen Umfang und den Bevölkerungsaufbau des jüdischen Staates. Die herrschende, von der Likud-Partei geführte Regierungskoalition denkt an ein ungeteiltes »Erez Israel« (Land Israel) vom Mittelmeer bis zum Jordan. Die Begründung dieser Politik ist teils religiös-historisch – sie beruft sich auf das biblische Land Israel –, teils entspringt sie der Furcht, daß Israels Sicherheit ernsthaft gefährdet wäre, wenn diese Gebiete, besonders Judäa-Samaria, unter arabische Herrschaft kämen. Die israelische Siedlungsbewegung in Judäa und Samaria ist im Zusammenhang mit dem Konzept vom ungeteilten »Erez Israel« zu sehen. Die Regierung Begins hat die Vorschläge Reagans abgelehnt – auch als Diskussionsgrundlage –, aus diesen Gebieten eine mit Jordanien »assoziierte« selbstverwaltete Gebietskörperschaft zu machen. Jedenfalls hält es die Regierung für völlig verfrüht, sich schon jetzt mit der endgültigen Zukunft dieser Gebiete zu befassen, eine Angelegenheit, die nach den Camp-David-Vereinbarungen Gegenstand von Verhandlungen nach einer mehrjährigen, als »Abkühlungszeit« gedachten Selbstverwaltung sein soll.

Dieser Standpunkt wird von der Arbeiterpartei und anderen, kleineren Oppositionsparteien angefochten. Die von dem Lager der Arbeiterpartei befürwortete Lösung besteht in einem territorialen Kompromiß, bei dem die für die Sicherheit Israels lebenswichtigen Teile von Judäa-Samaria in Israel einverleibt und der Rest des Gebiets, einschließlich der größeren Städte und der am dichtesten bevölkerten Gegenden, Teil eines jordanisch-palästinensischen Staates mit einer vereinbarten gemeinsamen Grenze zwischen Israel und diesem Staat würde.

Die Hauptverfechter dieser »jordanischen Option« weisen darauf hin, daß die Grundlage für einen derartigen jordanisch-palästinensischen Staat bereits vorhanden sei. Seit Israel 1967 die Kontrolle über Judäa-Samaria gewann, duldete es den Fortbestand der jordanischen Staatsangehörigkeit, Rechtsvorschriften und Einrichtungen und gewährte den gebietsansässigen Personen Freizügigkeit von und nach Jordanien. Ungefähr zwei Drittel der Einwohner des heutigen Königreichs Jordanien sind westpalästinensische Araber, nicht anders als die Einwohner von Judäa-Samaria. Der vorgeschlagene jordanisch-palästinensische Staat an beiden Ufern des Jordan wäre eine palästinensisch-arabische »Heimstätte« in des Wortes voller Bedeutung. Er würde als Ergebnis einer israelisch-jordanischen Friedensregelung und im Rahmen von Vereinbarungen zur Wahrung von Israels Sicherheit das Licht der Welt erblicken.

Die Israelis, die sich dieser Betrachtungsweise anschließen, lassen sich von zwei Beweggründen leiten: dem Wunsch, Friedensverhandlungen mit Jordanien zu erleichtern, und dem Widerstreben, die innerhalb des jüdischen Staates bestehende arabische Minderheit wesentlich zu vergrößern. Man fürchtet, das Konzept eines ungeteilten »Erez Israel« werde zu einem binationalen Staat führen, der zwischen zwei sich befehdenden Volkskörpern hin- und hergerissen würde, nicht anders als das Mandatsgebiet Palästina vor 1948.

Eine dritte Denkschule beginnt, sich in Israel Geltung zu verschaffen. Sie ist skeptisch sowohl in bezug auf die Option vom »Erez Israel« der Regierung als auch hinsichtlich der jordanischen Option des Arbeiterpartei-Blocks. Die erstere Lösung ist ihrer Auffassung nach unrealistisch, weil sie nicht auf gütlichem Weg verwirklicht werden kann, sondern der arabischen Bevölkerung in den Gebieten aufgezwungen werden müßte. Die letztere Option wird als ebenso unrealistisch betrachtet, weil Jordanien kaum sein Einverständnis dazu geben dürfte, daß Israel das ganze Jerusalem und einen wesentlichen Teil von Judäa-Samaria für sich behält. Außerdem wäre keine israelische Regierung in der Lage, die jüdischen Bewohner von Judäa und Samaria auszusiedeln oder sie arabischer Herrschaft zu überantworten. Die Alternative, so wird argumentiert, ist in einer von den örtlichen Gegebenheiten ausgehenden pragmatischen Lösung zu suchen: Die Gebiete sollen im Wege einer Vereinbarung oder »de facto« in eine Art israelisch-jordanisches Kondominium übergeführt werden. Die israelischen Siedlungen würden weiterhin unter israelischer Hoheit bleiben, und die arabischen Einwohner würden unter jordanischer Hoheit Selbstverwaltung genießen. Israel würde in den Gebieten eine militärische Präsenz aufrechterhalten und die Verantwortung für ihre Sicherheit übernehmen. Dieses Mischsystem könnte sich schließlich in eine umfassende Konföderation einfügen, die Israel und Jordanien einschließen würde.

Dieser Ansatz erinnert an die von dem verstorbenen Mosche Dayan, dem großen Pragmatiker der israelischen Politik, vertretenen Ansichten. Er war der Überzeugung, daß die Gebiete weder von Israel annektiert werden noch unter arabische Souveränität fallen sollten und daß ihnen Israel die Selbstverwaltung auch ohne Vereinbarung durch einseitigen Abzug seiner Militär-Regierung gewähren sollte.

Die oben dargelegten unterschiedlichen Haltungen zeigen, daß die Lösung des israelischen Dilemmas hinsichtlich der Zukunft dieser Gebiete nicht einfach ist.

Die Initiative Reagans

Am 1. September 1982 trat Präsident Reagan mit Vorschlägen der USA für eine politische Lösung im Nahen Osten an die Öffentlichkeit. Er bekräftigte die amerikanische Zusage, an dem Camp-David-Abkommen als Verhandlungsgrundlage festzuhalten. Während der Übergangszeit der Selbstverwaltung in Judäa-Samaria und im Gaza-Streifen sollte die Gebietshoheit unter Vorbehalt der israelischen Sicherheitsbedürfnisse den einheimischen arabischen Bewohnern übertragen werden. Israel sollte die Siedlungstätigkeit in Judäa-Samaria einstellen, um die Beteiligung Jordaniens und der palästinensischen Araber an den Gesprächen zu erleichtern. Was den künftigen Status der Gebiete betreffe, so würden die Vereinigten Staaten weder der Errichtung eines unabhängigen palästinensischen Staates in diesen Gebieten, noch ihrer Annexion oder ständigen Kontrolle durch Israel ihre Unterstützung gewähren. Aus amerikanischer Sicht liege die beste Chance für den Frieden in einer Selbst-Regierung der Gebiete durch ihre palästinensisch-arabischen Bewohner im Rahmen einer Assoziation mit Jordanien.

Die Regierung Begin lehnte Reagans Vorschläge ab. Die oppositionelle Arbeiterpartei dagegen sah darin eine Verhandlungsgrundlage. Die Strategie Washingtons zielte darauf ab, einerseits eine Konfrontation mit Israel wegen Reagans Initiative zu vermeiden, andererseits zu versuchen, genügend Zustimmung von arabischer Seite zu finden, um Jordanien und den gemäßigten palästinensischen Arabern eine Beteiligung an den Friedensgesprächen zu ermöglichen. Unter den arabischen Staaten, von denen eine mögliche Hilfestellung für die Vereinigten Staaten erwartet werden konnte, begrüßte Ägypten die Vorschläge Reagans, während Jordanien sie vorsichtig unterstützte und Saudi-Arabien weiterhin seine eigenen Kompromißvorschläge betrieb – den sogenannten »Fahd-Plan«. (Dies war ein weiteres Beispiel eines übermäßigen Vertrauens der Amerikaner zu ihrem saudi-arabischen »Verbündeten«, dessen erklärte Rolle in den panarabischen Angelegenheiten eher die eines Vermittlers und Wegbereiters eines Konsensus als die eines Führers ist.)

Der Zeitpunkt der Initiative Reagans war wohl verfrüht. Die Kampfhandlungen im Libanon waren beendet worden, und man erwartete einen baldigen Abzug der israelischen und syrischen Streitkräfte und der restlichen Streitkräfte der PLO. Diese Erwartung erwies sich als übertrieben optimistisch.

Der arabische Gipfel von Fez

Im September 1982 fand in Fez, Marokko, eine arabische Gipfelkonferenz mit dem Ziel statt, eine gemeinsame Haltung zum Frieden im Nahen Osten zu finden. Da widersprüchliche Standpunkte zu der Initiative Reagans vertreten wurden, machte die Konferenz sie sich weder zu eigen, noch lehnte sie sie ab. Dagegen billigte sie in Anlehnung an den Acht-Punkte-Plan von Fahd einen arabischen »Friedensplan«. Die Schwerpunkte der Grundsatzerklärung von Fez waren die folgenden:

a) Israel hat sich aus allen 1967 besetzten Gebieten, einschließlich des »arabischen Jerusalems«, zurückzuziehen und sämtliche in diesen Gebieten errichteten Siedlungen zu beseitigen;

b) Selbstbestimmungsrecht für das palästinensisch-arabische Volk, dessen einziger legitimer Vertreter die PLO ist; Schaffung eines unabhängigen palästinensischen Staates mit Jerusalem als Hauptstadt, nach einer kurzen Übergangszeit unter der Überwachung der Vereinten Nationen;

c) Der UN-Sicherheitsrat hat für die Durchführung dieser Grundsätze zu sorgen und den Frieden zwischen »allen Staaten der Region, einschließlich des palästinensischen Staates« zu gewährleisten.

In der Erklärung von Fez findet sich kein Hinweis auf die Notwendigkeit, Verhandlungen mit Israel zu führen, und es wurde nicht einmal anerkannt, daß Israel ein Existenzrecht hat. Aber die bloße Tatsache, daß ein arabischer Konsensus zugunsten irgendeines »Friedensplans« zustande kam, ließ sich als eine unter dem Eindruck der Aktion »Frieden für Galiläa« eingetretene positive Entwicklung bewerten.

Einige arabische Staaten, die sich öffentlich zum Grundsatz eines unabhängigen palästinensisch-arabischen Staates bekannten, fürchteten insgeheim eine derartige Aussicht. Ägypten, Jordanien, Saudi-Arabien und die anderen erdölreichen Golfstaaten hatten Anlaß zu der Befürchtung, daß ein derartiger palästinensischer Staat möglicherweise ein sowjetischer Stützpunkt vor ihrer Türschwelle und ein Brennpunkt des arabischen Radikalismus werden könnte. In seinen Memoiren (»Keeping Faith« – Den Glauben wahren – 1982) berichtet der ehemalige Präsident Carter: Sadat »war bereit, öffentlich zu erklären, daß es keinen selbständigen palästinensischen Staat geben solle, und war sicher, daß dies auch den Saudis und anderen gemäßigten Arabern die liebste Lösung wäre, obwohl sie es nicht gerne zugäben«.

Der Mißerfolg der Gespräche zwischen Hussein und Arafat

Die Ablehnung des von König Hussein und Arafat ausgearbeiteten Abkommensentwurfs durch die PLO und die daraus folgende, im April 1983 ausgesprochene Weigerung Jordaniens, sich dem Friedensprozeß anzuschließen, war ein ernster Rückschlag für die amerikanische Nahostdiplomatie. Präsident Reagan erklärte, daß er seine Friedensinitiative vom 1. September 1982 dennoch weiterverfolgen werde: »Wir werden nicht zulassen, daß die Kräfte der Gewalt und des Terrors ein Vetorecht gegen den Friedensprozeß ausüben.«

Der amerikanische Außenminister George Shultz schlug vor, die Arabische Liga solle ihren Beschluß von Rabat aus dem Jahr 1974 überprüfen, in dem die PLO als »der einzige rechtmäßige Vertreter des palästinensisch-arabischen Volkes« bezeichnet wird. Jedoch bestand wenig Aussicht darauf, daß der König von sich aus einen Schritt nach vorn machen würde. Jordanien war eben nicht Ägypten, und Hussein war nicht Sadat.

Die Enttäuschung über die PLO fand ihren Niederschlag in einem Bericht des Korrespondenten der »New York Times« in Amman, Thomas L. Friedman, der am 10. April 1983 schrieb: »Nach Saudi-Arabien ist die PLO wahrscheinlich der am meisten überschätzte politische Akteur im Nahen Osten.« Er wies darauf hin, daß die PLO, dieser zusammengewürfelte Haufen von Arafat-Anhängern, prosyrischen, proirakischen und prolibyschen Splittergruppen, nicht in der Lage sei, eine realistische Strategie zu beschließen, die darin bestünde, Israel entweder zu bekämpfen oder es anzuerkennen. Der israelische Einmarsch im Sommer 1982 – so Friedman – habe den Mythos von der Guerilla-Macht der PLO zerstört. Arafat werde »endlos weitermanövrieren«, während seine Organisation nach und nach in politische Bedeutungslosigkeit versinken werde.

Die israelische Regierung hatte es ohnehin für eine unrealistische Annahme gehalten, daß Jordanien die Zustimmung der PLO oder eine breite Unterstützung der Arabischen Liga für die Aufnahme von Friedensverhandlungen mit Israel erhalten könne.

Die Vereinigten Staaten zeigten sich angesichts der nur langsamen Fortschritte der israelisch-libanesischen Verhandlungen frustriert. Washington hielt es für dringend, den Rückzug ausländischer Streitkräfte aus libanesischem Gebiet sicherzustellen und dann die diplomatischen Bemühungen Amerikas auf die umfassenderen Ziele zu konzentrieren, die in den Vorschlägen Reagans abgesteckt sind. Die israelische Regierung ihrerseits war nicht willens, ihre Truppen abzuziehen, solange nicht die Streitkräfte Syriens und der PLO ebenfalls zurückgezogen würden, angemessene Regelungen innerhalb einer 45 Kilometer breiten Sicherheitszone im Süden Libanons getroffen und eine Grundlage für eine friedliche Koexistenz zwischen Israel und dem Libanon geschaffen würden. Unter diesen Umständen kam es zu Spannungen zwischen Washington und Jerusalem, aber sie wurden durch die Unterzeichnung des israelisch-libanesischen Abkommens vom 17. Mai 1983 abgebaut.

Wie stellen sich die arabischen Bewohner von Judäa-Samaria und dem Gaza-Streifen ihre Zukunft vor?

Vermutlich wünschen sie sich nicht, bis in alle Ewigkeit unter israelischer Verwaltung zu bleiben; es ist auch nicht anzunehmen, daß sie sich für eine Einverleibung in Israel entscheiden würden, wenn sie zu wählen hätten. Darüber hinaus haben sie nie eine gemeinsame Vorzugslösung für ihre Zukunft zum Ausdruck gebracht, und es ist keine einheimische Führung hervorgetreten, die ermächtigt wäre, sich in ihrem Namen zu politischen Fragen zu äußern.

Die meisten Führungspersonen in diesen Gebieten bekennen sich zur PLO. Aber es besteht Grund zur Annahme, daß sie die Existenz Israels hinnehmen und den »bewaffneten Kampf« der PLO gegen Israel als eine sinnlose Übung betrachten, die ihrem eigenen Volk nur schaden kann. Diese realistischen Anschauungen haben zweifellos nach dem niederschmetternden militärischen Schlag, welcher der PLO im Libanonkrieg 1982 zugefügt wurde, an Kraft gewonnen. Außerdem werden die Bewohner der Gebiete, wie ihre politische

Zukunft sich auch immer gestalten mag, den freien Zugang nach Israel sowie die materiellen und sozialen Vorteile nicht missen wollen, die ihnen unter israelischer Verwaltung seit 1967 allmählich entstanden sind.

Eine interessante Entwicklung in Judäa-Samaria stellt die Bildung von Dorfbünden dar. Wie der Name besagt, streben sie danach, die Meinungen der ländlichen Bevölkerung, welche die Mehrheit der Bewohner bildet, aber bisher durch Führer aus den Städten beherrscht wurde, zum Ausdruck zu bringen. Die Dorfbünde brachten eine politische Partei mit der Bezeichnung »Palästinensische Demokratische Friedensbewegung« hervor, welche die PLO als Sprecher abgelehnt hat und unmittelbare Gespräche mit Israel über eine »Heimstätte« in der West Bank und im Gaza-Streifen verlangt; diese Heimstätte solle im Frieden mit Israel leben und besondere Beziehungen zu Jordanien unterhalten. Noch läßt sich nicht beurteilen, ob die Dorfbünde zu einem bedeutenden politischen Faktor heranwachsen werden, doch als erste öffentliche Zurückweisung der PLO durch Araber in Judäa-Samaria sind sie aufschlußreich.

Ist das Problem der palästinensischen Araber der Schlüssel zur Gesamtsituation im Nahen Osten?

Seit einigen Jahren gilt es in westlichen Hauptstädten als ausgemacht, daß das Problem der palästinensischen Araber die Crux des israelisch-arabischen Konflikts sei, welcher seinerseits die Quelle der chronischen Spannung in der Region darstelle. Infolgedessen, so wird argumentiert, liege es an Israel, den palästinensischen Arabern weitreichende Zugeständnisse zu machen, um die Region zu stabilisieren und die reibungslose Versorgung des Westens mit nahöstlichem Erdöl sicherzustellen. Dies ist eine oberflächliche und vereinfachende These, die von Unkenntnis der in diesem Gebiet tatsächlich wirkenden Kräften zeugt.

Niemand ist sich des ungelösten palästinensischen Problems, der durch den israelisch-arabischen Konflikt verursachten Umwälzungen und blutigen Auseinandersetzungen sowie des Erfordernisses einer friedlichen Koexistenz zwischen Israel und seinen arabischen Nachbarn besser bewußt, als die Israelis. Jedoch wäre der Nahe Osten, auch wenn es Israel nicht gäbe und wenn alle Forderungen der palästinensischen Araber erfüllt würden, weiterhin ein unbeständiges, krisengeschütteltes Gebiet. Die meisten Regimes stehen auf so schwankendem innenpolitischem Boden wie seinerzeit im Iran das des Schahs, und ebensowenig wie der Iran können diese Länder durch das Hineinpumpen von Waffen sicherer gemacht werden. Wir sind Zeugen einer beängstigenden Aufwallung des religiösen Fanatismus des Islam. Die Versorgung mit nahöstlichem Erdöl hängt von unvorhersehbaren und unkontrollierbaren Zufälligkeiten ab. Die schwankenden Preis- und Produktionsniveaus werden diktiert durch die den kurzfristigen oder langfristigen Eigeninteressen entspringenden Kalkulationen der OPEC-Staaten. Die Region ist ein Schlachtfeld des Kalten Krieges, und sie ist einer dreisten und unablässigen sowjetischen Durchdringung ausgesetzt.

Im Lauf des Jahres 1980 lösten diese verschiedenen Kräfte eine Reihe von internationalen Schockwellen aus. Der Sturz des Schahs im Iran, das Nachrücken eines glühend antiwestlichen Regimes und der Zusammenbruch jeder geordneten Regierung, die sowjetische Invasion Afghanistans ebenso wie der Krieg zwischen zwei erdölproduzierenden Staaten des Persischen Golfs, Irak und Iran, stürzten den Westen in tiefe Beunruhigung. Was hatten Israel und die palästinensischen Araber mit irgendeinem dieser Ereignisse zu tun? Zwar wurden der Iran, Afghanistan und der Golfkrieg durch den Krieg im Libanon von 1982 vorübergehend in den Hintergrund gedrängt. Aber noch lange nach dem Abzug der israelischen Streitkräfte aus dem Libanon wird der Nahe Osten aus Gründen, die nichts mit dem israelisch-arabischen Konflikt zu tun haben, eine zersplitterte und turbulente Region bleiben.

Als das einzige stabile, demokratische und fortschrittliche Land in dem Gebiet, mit seinen äußerst disziplinierten und schlagkräftigen Streitkräften, wird Israel heute wahrscheinlich eher als eine Oase der Stabilität im Tumult des Nahen Ostens und als eine strategische Trumpfkarte des Westens angesehen werden. Die Annahme, die westlichen Interessen könnten durch die Beschwichtigung der Araber auf Kosten Israels gewahrt werden, hat keinen realen Boden mehr.

Die UN-Resolution 242 fordert eine »gerechte Regelung des Flüchtlingsproblems«. Wie läßt sich dies erreichen?

Im Nebel der Polemik, der das Flüchtlingsproblem umgibt, sind zwei grundlegende Tatsachen deutlich sichtbar geworden: Einmal die Tatsache, daß das Problem durch den arabischen Krieg gegen Israel im Jahre 1948 geschaffen wurde und seine endgültige Lösung nur im Rahmen einer israelisch-arabischen Friedensregelung finden kann. Zweitens die Tatsache, daß eine Lösung auf einer Eingliederung der Flüchtlinge in die arabische Welt, nicht auf ihrer Wiederansiedlung in Israel beruhen muß.

Die Friedensregelung

Auf der 1949 von der UN-Kommission für die Versöhnung in Palästina (Palestine Conciliation Commission, PCC) einberufenen Lausanner Konferenz wurde anerkannt, daß das Flüchtlingsproblem ein Element einer umfassenden Friedensregelung darstellt. Später, als die Hoffnung auf einen baldigen Frieden geschwunden war, wurden Anstrengungen unternommen, das Problem separat zu lösen. Zunächst wurde die Frage mit wirtschaftlichen und nicht mit politischen Mitteln angepackt. Breit angelegte Siedlungsvorhaben zur Aufnahme von Flüchtlingen im Norden der Sinai-Halbinsel und im Jarmuk-Jordantal wurden entwickelt. Sie sollten aus Mitteln des Rehabilitationsfonds der Vereinten Nationen finanziert werden. Die arabischen Regierungen blockierten diese Pläne. Von 1959 bis 1962 wurden im Auftrag der PCC-Verhandlungen mit den Regierungen Israels und der arabischen Aufnahmeländer geführt, jedoch ohne Erfolg. Es wurde damals sichtbar, daß das Flüchtlingsproblem zu tief in den politischen Konflikt eingebettet war, als daß es getrennt gelöst werden konnte. Die Resolution 242 verwies das Problem wieder auf die Tagesordnung der allgemeinen Friedensgespräche.

Die Araber machen geltend, die Flüchtlinge hätten das Recht auf Rückkehr an ihre früheren Heimstätten in »Palästina« ohne Rücksicht auf die Existenz des Staates Israel. Zur Unterstützung dieser Forderung legen sie einen Absatz in einer Resolution der Vollversammlung aus dem Jahr 1949 falsch aus. Aber es kann von keinem souveränen Staat erwartet werden, daß er seine Grenzen einem Zustrom von Menschen öffnet, die ihm gegenüber feindlich gesinnt sind und sogar sein Existenzrecht abstreiten.

Austausch von Minderheiten

Der Konflikt hatte nicht nur *eine* Auswanderung, sondern zwei zur Folge. Die Juden flohen aus den arabischen Ländern, und etwa 600 000 wurden in Israel wieder angesiedelt. Ungefähr die gleiche Zahl arabischer Flüchtlinge hatte das Gebiet Israels verlassen. Es kam daher zu einem spontanen, nicht geplanten Austausch von Minderheiten, wie es ihn anderenorts in der Welt bei Konfliktsituationen auch gegeben hat – z. B. zwischen Griechenland und der Türkei 1922 oder zwischen Indien und Pakistan im Jahr 1947. Insgesamt etwa 50 Millionen Menschen wurden durch Kriege und politische Umwälzungen in verschiedenen Teilen der Welt nach dem Ende des Zweiten Weltkriegs entwurzelt. All diese Flüchtlinge strömten in Gebiete, mit deren einheimischer Bevölkerung sie verwandte Züge verbanden. In jedem dieser Fälle wurden sie in die Gebiete, in die sie gezogen waren, eingegliedert. In keinem Fall kam es zu einer rückläufigen Bewegung.

»De-facto«-Integration

Das arabische Flüchtlingsproblem ist das einzige in der Gegenwart, das aus politischen Gründen ungelöst gelassen wurde. Aber auch hier hat der natürliche Eingliederungsprozeß viel stärker gewirkt, als irgendein arabischer Sprecher zuzugeben bereit ist. Die Flüchtlinge fanden sich nicht unter Fremden, sondern unter arabischen Landsleuten wieder. Zwischen ihnen und ihrer Umwelt gab es keine Schranken der Rasse, Sprache, Religion, Kultur oder Lebensweise. 1964 schätzte der Generalkommissar der UNRWA in seinem Jahresbericht, daß zwischen 10 und 20 Prozent der Flüchtlinge wirtschaftlich versorgt seien und weitere 30 bis 40 Prozent teilweise für ihren Unterhalt aufkommen könnten. Im selben Jahr erklärte der amerikanische Außenminister Dean Rusk vor dem Senats-Unterausschuß für Flüchtlingswesen: »Es gibt fast eine halbe Million Flüchtlinge, die den Status eingetragener Flüchtlinge besitzen – einige von ihnen leben in einiger Entfernung von den Lagern ein einigermaßen normales Leben.« In den Berichten der UNRWA heißt es auch, daß nicht mehr als 40 Prozent aller Flüchtlinge in Lagern leben; der Rest lebe unter der einheimischen Bevölkerung verstreut. Die Lagerinsassen fänden im allgemeinen Arbeit in den benachbarten Städten und landwirtschaftlichen Gebieten. In Judäa-Samaria und im Gaza-Streifen herrscht unter israelischer Verwaltung seit 1967 praktisch Vollbeschäftigung bei Flüchtlingen und Nichtflüchtlingen. Es werden neue Wohnungen gebaut, die von Flüchtlingen, welche aus den Lagern im Gaza-Streifen ausziehen, bezahlt werden und in ihr Eigentum übergehen.

Eine Friedensregelung würde in organisierter Weise den Eingliederungsprozeß für Flüchtlinge, der seit vielen Jahren im Gang ist, beschleunigen. 1959 legte UN-Generalsekretär Dag Hammarskjöld auf Ersuchen der UN-Vollversammlung einen Sonderbericht über das arabische Flüchtlingsproblem vor. Darin sprach er von der fortschreitenden »De-facto-Integration« und erklärte, daß sie beschleunigt werden könne, wenn den betroffenen arabischen Ländern bedeutende internationale Mittel für Investitionen und Entwicklungsmaßnahmen zur Verfügung gestellt werden könnten. Die Flüchtlinge, so fügte er hinzu, sollten nicht als eine Belastung, sondern als ein Aktivposten für die Zukunft, als ein »Arbeitskräftereservoir« für den wirtschaftlichen Fortschritt betrachtet werden. Seine Ansichten wurden von arabischen Regierungen kritisiert, weil sie der arabischen Position zur Flüchtlingsfrage zuwiderliefen, und der Bericht wurde zu den Akten gelegt. Dennoch stellte er einen realistischen und konstruktiven Lösungsvorschlag für das Flüchtlingsproblem dar, ein Vorschlag, der heute, da in der arabischen Welt Milliarden Petro-Dollars verfügbar sind, sogar noch mehr Gültigkeit besitzt.

Käme es zu einer Friedensregelung, so würden zweifellos Gelder für eine Wiederansiedlung von Flüchtlingen über einen internationalen Fonds zur Verfügung gestellt, zu dem die Vereinigten Staaten und weitere gleichgesinnte westliche Regierungen einen Beitrag leisten würden. Diese Regierungen sind es, die gegenwärtig den Haushalt der UNRWA bestreiten, der sich jährlich auf etwa 200 Millionen Dollar beläuft. Ironischerweise haben gerade die Regierungen, die am lautesten die Leiden der Flüchtlinge beklagt haben, am wenigsten getan, um ihnen zu helfen. Die Sowjetunion hat der UNRWA nie einen einzigen Rubel gegeben. Aus der ganzen arabischen Welt kamen 1982 nur etwa 11 Millionen Dollar zur Unterstützung für die Flüchtlinge zusammen. Die Erdöleinnahmen der arabischen Staaten betrugen in jenem Jahr mehr als 130 Milliarden Dollar.

Auf der Konferenz von Lausanne im Jahr 1949 bot die Regierung Israels an, 100 000 arabische Flüchtlinge im Rahmen einer allgemeinen Regelung wiederaufzunehmen. Das Angebot wurde von den arabischen Regierungen abgelehnt. Israel hat 40 000 Flüchtlingen erlaubt, zurückzukehren und wieder mit ihren Angehörigen zusammenzuleben, und wäre bereit, im Rahmen einer Friedensregelung eine weitere Teil-Rückführung zu erwägen. Israel hat ebenfalls angeboten, eine Entschädigung für arabisches Eigentum zu zahlen, das 1948 aufgegeben wurde. Es erwartet, daß die Regierungen von Ägypten, Irak und anderen betroffenen arabischen Staaten die jüdischen Flüchtlinge aus ihren Ländern, deren Eigentum beschlagnahmt wurde, ebenfalls entschädigen. Aber keine arabische Regierung hat je ein derartiges Angebot gemacht.

Auf welcher Seite im israelisch-arabischen Konflikt liegt die Gerechtigkeit?

Auf diese Frage gibt es eine jüdische Antwort und eine arabische Antwort. Während der Mandatszeit berief sich die Zionistische Bewegung auf historische Verpflichtungen, internationale Zusagen und entsetzliches Leid; die Araber darauf, daß sie schon seit langem im Lande lebten und in der Mehrheit waren. Die jetzt schon mehr als 60 Jahre dauernde Auseinandersetzung hat an den starren Fronten nichts ändern können. Historische und moralische Probleme lassen sich nicht auf dem Verhandlungswege lösen.

Die Peel-Kommission kam 1937 zu dem Schluß, sie stehe nicht vor einem Zusammenprall zwischen Recht und Unrecht, sondern zwischen Recht und Recht. Die Forderung keiner Seite konnte voll und ganz erfüllt werden, ohne der anderen Unrecht zu tun. Die beiden Gemeinschaften strebten allzu unterschiedliche Ziele an, als daß sie sich einträchtig in ein Land hätten teilen können; infolgedessen sollte jede ihre nationale Unabhängigkeit in einem Teil davon erhalten. Die Zionisten akzeptierten den vorgeschlagenen Kompromiß. Die Araber lehnten ihn ab.

Von dem gleichen Streben nach einem gerechten Ausgleich war der Teilungsplan der Vereinten Nationen aus dem Jahr 1947 getragen. Dieser Vorschlag löste dieselben Reaktionen aus; zionistische Bereitschaft zum Kompromiß, arabische Ablehnung jeden Kompromisses.

Und dennoch behaupten die Araber vor der Welt, sie seien ein Opfer der Ungerechtigkeit.

Die objektive Lage änderte sich 1948. Das Mandat war erloschen, die Briten abgezogen, der Staat Israel hatte das Licht der Welt erblickt, und ein großer Teil der arabischen Bevölkerung war infolge des Krieges entwurzelt worden. Die politische Notwendigkeit für die betroffenen Staaten, ohne Feindseligkeiten zusammenzuleben, und das humanitäre Bedürfnis, die Flüchtlinge wieder anzusiedeln, ließ eine friedliche Versöhnung noch wesentlicher und dringender erscheinen als zuvor. Unglücklicherweise waren aber die arabischen Gemüter immer noch die Gefangenen gefühlsbetonter und rigoroser

Losungsworte. Obwohl es mehr als 20 arabische Staaten gab, war ein jüdischer Staat in irgendeinem Teil Palästinas eine »Ungerechtigkeit«, die bereinigt werden mußte, wenn nötig sogar durch Krieg. Andere nationale Bewegungen galten als wertvolle Bestrebungen; nur der Zionismus, die jüdische nationale Bewegung, war »illegitim«. Um die arabischen Ressentiments zu beschwichtigen, mußte der Zionismus durch gehässige Resolutionen besudelt werden, die den Organen der Vereinten Nationen und anderen internationalen Versammlungen aufgezwungen wurden, ob sie sich nun mit den Rechten der Frau, Gesundheitsfragen oder sonstigen Dingen befaßten.

Durch diese im Manifest der PLO verankerte negative Einstellung wird der Fortschritt auf dem Weg zum Frieden im Nahen Osten blockiert. Es gibt sicherlich Stimmen in der arabischen Welt, die von einem höheren Maß an Realismus zeugen, und auch eine gewisse durch den sterilen Streit verursachte Kampfesmüdigkeit, insbesondere in Ägypten, dem einzigen arabischen Land, das sich bisher als mutig und realistisch genug erwiesen hat, um mit Israel Frieden zu schließen. Nur wenn eine derartig positive Einstellung auch in anderen arabischen Ländern und in der Führung der palästinensischen Araber die Oberhand gewinnt, wird der Weg für sinnvolle Verhandlungen über einen umfassenden Frieden, einschließlich einer Regelung der Grenzfrage und des Flüchtlingsproblems, geebnet sein.

Die Ereignisse des Jahres 1982 – unter anderem der Libanonkrieg, die Initiative Reagans, der »Friedensplan« von Fez, die Gespräche zwischen Hussein und Arafat – könnten eine Wende in der arabischen Welt ankündigen, weg von der Kriegführung gegen den jüdischen Staat und hin zu einer friedlichen Koexistenz mit ihm. Sieht man einmal von dem besonderen Fall Ägyptens ab, so ist es jedoch noch zu früh, einen derartigen Schluß zu ziehen.

5. Der Staat und die Diaspora

Wurde Israel von den Vereinten Nationen geschaffen?

Es wurde weder die vorstaatliche Jüdische Nationale Heimstätte durch die Balfour-Deklaration und das Palästina-Mandat geschaffen, noch entstand der Staat Israel durch Betreiben der Vereinten Nationen. Diesen Akten internationaler Förderung und Unterstützung kam zwar höchste Bedeutung zu. Aber die jüdische Unabhängigkeit wurde in erster Linie durch das jüdische Volk selbst, gestützt auf seine Geschichte, getrieben von der Not und vertrauend auf die Zionistische Bewegung, errungen. In seiner Eröffnungsrede vor dem Ersten Zionistischen Kongreß in Basel im Jahr 1897 bemerkte Herzl zu Recht: »Ein Volk kann nur sich selbst helfen; und wenn es dies nicht kann, kann ihm nicht geholfen werden.«

Israel ist die Erfüllung des Baseler Programms von 1897; und die Jüdische Nationale Heimstätte unter dem Mandat war der Embryo des künftigen Staates.

In welchem Sinn ist Israel ein jüdischer Staat?

Die erste und einleuchtendste Antwort ist die bevölkerungspolitische. Israel ist ein vorwiegend jüdisches Land, weil 84 Prozent seiner Bürger Juden sind. Es ist, nach Dr. Weizmanns berühmtem Wort, »so jüdisch wie England englisch ist«.

Zweitens ist Israel die moderne Verkörperung des jüdischen Staatswesens im Heimatland seiner Vorväter.

Drittens entspricht Israel dem Bedürfnis nach einer Zuflucht für heimatlose oder verfolgte Juden. Israels Rückkehrgesetz ist bezeichnend für diese Rolle der Nationalen Heimstätte. Die Massen-Alijah (Einwanderung) in einen souveränen Staat ist die Erfüllung von Herzls Vision.

Viertens erfüllt Israel die kulturzionistische Vision Achad Ha-Ams. Es wurde zum geistigen und kulturellen Mittelpunkt für das ganze jüdische Volk. Das Vorhandensein eines jüdischen Staates auf der politischen Weltkarte ist der Sammelpunkt der jüdischen Identität für die gesamte Diaspora.

Unter einigen Aspekten ist Israel jedoch kein jüdischer Staat. Die jüdischen Bürger haben nicht mehr Rechte als die nichtjüdischen; dem jüdischen Glauben wird im Staat kein Status eingeräumt, der sich von dem der anderen Bekenntnisse unterscheidet.

Ist Israel ein theokratischer Staat?

Israel ist kein theokratischer, sondern ein säkularer Staat. Es besitzt keine Staatsreligion, und die verfassungsmäßige und rechtliche Stellung des Judentums entspricht der des christlichen und des muslimischen Glaubens. Es gibt zwei Quellen von Mißverständnissen in diesem Punkt.

Die erste hängt damit zusammen, daß die große Mehrheit der Bevölkerung jüdisch ist. In Anerkennung dieser Tatsache gelten der Sabbath und die wichtigsten jüdischen Feiertage als öffentliche Feiertage; ferner werden die jüdischen Speisegesetze in öffentlichen Einrichtungen und bei den Streitkräften offiziell eingehalten. Diese Zugeständnisse machen Israel ebenso wenig zu einem theokratischen Staat, wie die amtliche Beachtung des Sonntags oder des Weihnachtstags ein vorwiegend christliches Land zu einer Theokratie macht. Alle nichtjüdischen Glaubensgemeinschaften in Israel haben das Recht, ihre eigenen Ruhe- und Feiertage einzuhalten.

Einige Zugeständnisse an die religiöse Orthodoxie ergeben sich aus dem Wesen von Israels parlamentarischem System, das auf einer reinen Verhältniswahl beruht. Keine der beiden größten politischen Parteien – die Arbeiterpartei und der Likud – war in der bisherigen Geschichte des Staates in der Lage, die absolute Mehrheit der Sitze in der Knesset zu erringen. Die Regierungen werden infolgedessen durch Koalitionsvereinbarungen mit kleineren Parteien gebildet. Wenn es sich dabei um religiöse Parteien handelt, wie die Nationalreligiöse Partei oder die Agudat Israel, so kann ihre Unterstützung nur durch Zugeständnisse auf dem Gebiet der Glaubensausübung gewonnen werden. Ein Fall dieser Art aus jüngster Zeit ist der Beschluß der Regierung, die Flüge der nationalen Fluggesellschaft El Al am Sabbath einzustellen.

Die zweite Ursache von Verwirrungen ist darin zu suchen, daß bestimmte Personen- und Familienstands-Angelegenheiten, einschließlich der Eheschließung und der Ehescheidung, in Israel unter die eigene Gerichtsbarkeit jeder Religionsgemeinschaft fallen und nach deren Rechtsvorschriften geregelt, sowie von deren Gerichten entschieden werden. Dieses System galt im osmanischen Reich, wurde unter dem britischen Mandat beibehalten und an den Staat Israel weitervererbt. Die Knesset führt schrittweise Reformen ein, die sich nach modernen sozialen Vorstellungen richten. Durch Gesetz wurden die Mehrehe und Kinderehe abgeschafft und den Frauen sämtlicher Religionszugehörigkeiten die gleichen Rechte gewährt. Die Tätigkeit des Obersten Rabbinats, der rabbinischen Räte und der jüdischen Richter (»Dayanim«) betrifft nur die jüdische Gemeinschaft. Die muslimischen arabischen Bürger Israels sind in religiöser Hinsicht praktisch autonom, und ihre Gerichtshöfe urteilen nach dem islamischen Recht (»Schari'a«). Innere religiöse Autonomie und die Regelung von Personenstandsfragen aufgrund ihres eigenen Rechts und durch die eigenen Gerichte sind auch kennzeichnend für die 30 anerkannten christlichen Konfessionen in Israel und für die drusische Gemeinschaft, die ihren eigenen Glauben besitzt.

Der rechte Platz des Judaismus in Israel ist eine vielschichtige Frage, in der die Meinungen geteilt sind. Der Judaismus ist nicht einfach eine Religion im engeren theologischen Sinn. Im Laufe der Jahrtausende entwickelte er sich zu einer Gruppenkultur und einer täglichen Lebensweise. In diesem weiteren Sinne hat sich der Judaismus in der modernen emanzipierten Welt gelokkert, in der die jüdischen Minderheiten sich an die Gesellschaftsgruppen, in denen sie leben, angepaßt haben. Es ist nur natürlich, daß die orthodoxen Juden es gerne sähen, wenn das israelische Recht sich auf die Thora – das heißt auf das traditionelle Judentum – stützte. In Israels politischem Spektrum gibt es religiöse jüdische Parteien, für welche die Verstärkung des religiösen Charakters des Staates ein Hauptanliegen ist. Andere Gruppen drängen auf eine weitgehende Trennung von »Synagoge und Staat« – zum Beispiel durch Einführung der Zivilehe und der Ehescheidung. Was auch immer für Kompromisse in dieser Hinsicht geschlossen werden mögen, die meisten Israelis möchten, daß ihr Staat sein grundlegend säkulares Wesen beibehält, mit gleichem Status für alle Glaubensbekenntnisse und freier Religionsausübung für alle Staatsbürger.

Welche Rolle blieb dem Zionismus nach der israelischen Staatsgründung?

In der Zeit vor der Staatsgründung bestimmte die Zionistische Weltorganisation (zusammen mit der Jewish Agency) alle Aspekte der nationalen Freiheitsbewegung – die praktische Siedlungsarbeit in Palästina, die Beziehungen zu der Mandatsregierung sowie die politischen und diplomatischen Bemühungen auf der internationalen Szene. Nach der Entstehung Israels als souveränem Staat mit einer eigenen gewählten Regierung und einem auswärtigen diplomatischen Dienst schmälerte sich die Rolle des Zionismus.

Manche meinten, die Zionistische Bewegung hätte nunmehr ihren geschichtlichen Zweck erfüllt und würde abtreten. Das geschah jedoch nicht. Nach 1948 blieb der Aufbau einer Jüdischen Nationalen Heimstätte eine dauernde Verpflichtung, solange Israel sich gegen feindselige Nachbarn zu verteidigen hatte, Einwanderer aufnehmen und die Bindungen zwischen dem Staat und der Diaspora festigen mußte.

Seit der Gründung Israels haben sich die zionistischen Empfindungen in der jüdischen Welt eher weiter ausgebreitet, als daß sie, wie von mancher Seite prophezeit, versiegt wären. Anläßlich jeder Krise kam es zu einer Woge der Solidarität mit Israel. Der Ertrag der Geldsammlungen und des Verkaufs von israelischen Regierungsanleihen hat ein Ausmaß erreicht, von dem man früher nicht einmal geträumt hätte. Der grundlegende Glaubenssatz des Zionismus, wonach die Juden ein Volk bilden, und nicht nur eine Religionsgemeinschaft, ist allgemein anerkannt. In Israel und in der Diaspora kommt es zu einer kollektiven Reaktion, wenn eine jüdische Gemeinschaft, in welchem Land es auch sei, in Gefahr gerät oder wenn ihr das

Ausreiserecht versagt wird. Die Hemmungen wegen der »doppelten Loyalität«, die früher einmal einflußreiche Juden vom Zionismus abhielt, haben sich schon seit langem verflüchtigt.

Die Zionistische Bewegung wurde, was ihre Organisation und ihre Ziele betrifft, an die Lage nach 1948 angepaßt. 1970 wurde die Jewish Agency umgebildet; die Hälfte der Mitglieder ihrer Organe werden von der Zionistischen Weltorganisation, die andere Hälfte von den wichtigsten Spendenorganisationen in der Diaspora ernannt. In Zusammenarbeit mit der israelischen Regierung setzt die Jewish Agency ihre Mittel für Einwanderung, Eingliederung, Landbesiedlung und Förderung des israelischen Erziehungswesens ein. In den vergangenen Jahren wurden zusätzlich jüdische Gelder aus dem Ausland, dem »Erneuerungsprojekt«, zugeführt, einem Programm zur Verbesserung der Verhältnisse in den Elendsvierteln und in den notleidenden Entwicklungsstädten. Das Engagement der Spender wird dadurch gestärkt, daß einzelne Diasporagemeinden unmittelbar mit bestimmten Ortschaften in Israel Partnerschaft schließen. Die Zionistische Bewegung als eigenständige Körperschaft konzentriert ihre Tätigkeit auf die Diaspora: Information, Jugendbewegungen sowie Förderung der hebräischen Bildung und Kultur.

Wie erklärt sich das Wiederaufleben des Zionismus unter den Juden der Sowjetunion?

Seit der Entstehung Israels hat das sowjetische Judentum bewiesen, wie kräftig der zionistische Gedanke blüht, und sein Kampf um die Ausreise aus der Sowjetunion nach Israel wurde zu einem Brennpunkt der jüdischen Solidarität.

Seit Beginn der modernen Zionistischen Bewegung im 19. Jahrhundert erwuchs ihre Stärke vor allem aus dem osteuropäischen Judentum. Durch die russische Revolution von 1917 wurden die großen jüdischen Gemeinden Rußlands von der übrigen jüdischen Welt abgeschnitten. Zur Regelung der Rechtsstellung der Juden in der Sowjetunion wurde ihnen früh der Status einer anerkannten Nationalität zugewiesen, und in amtlichen Statistiken sowie in ihren Ausweisen wurden sie entsprechend bezeichnet. Um ihnen wie anderen Nationalitäten in der Sowjetunion eine territoriale Heimstätte zu geben, wurde in Birobidschan, einem Bezirk im Fernen Osten der UdSSR, eine autonome jüdische Region gebildet. Dieses räumliche Gegenangebot zum Zionismus erwies sich als ein Fehlschlag. Es gibt in Birobidschan etwa 14000 Juden unter einer Gesamtbevölkerung von fast 200000 Menschen. Diese Juden stellen ein halbes Prozent der Juden in der Sowjetunion dar.

Zu Beginn des Zweiten Weltkrieges wurden die baltischen Staaten Litauen, Lettland und Estland von der Sowjetunion besetzt und annektiert. Da die jüdischen Gemeinschaften dort erst vor nicht allzu langer Zeit hinter dem Eisernen Vorhang verschwanden, blieb ihr Leben relativ intakt.

Die Begeisterung der sowjetischen Juden anläßlich der Geburt Israels im Jahr 1948 und des Besuchs Frau Golda Meirs als ersten israelischen Premierministers in Moskau bestürzte die sowjetischen Regierungsstellen. Diese Begeisterung zeigte, daß »ihre« Juden immer noch ein starkes Verwandtschaftsgefühl zur übrigen jüdischen Welt gewahrt hatten.

In den letzten Jahren der Stalinzeit wurde die amtliche Politik in wachsendem Maße antisemitisch und feindselig gegenüber dem Zionismus und Israel. Dies waren die Jahre, in denen es zum berüchtigten Slansky-Prozeß in Prag, zur »Verschwörung der Ärzte« in Moskau und zum Abbruch der diplomatischen Beziehungen zu Israel kam. Der Vorwurf »Zionismus ist gleichbedeutend mit Rassismus«, stammt aus der sowjetischen Propaganda jener Zeit und ging später in die arabische Propaganda ein. Trotz des »Tauwetters« nach Stalins Tod wuchs das Gefühl der Unsicherheit und der Entfremdung unter den Juden an. Die araberfreundliche Stoßrichtung der sowjetischen Durchdringung des Nahen Ostens seit 1954 steigerte die Spannung zwischen dem Sowjetregime und seinen jüdischen Untertanen.

1967 wurden auch die sowjetischen Juden von der Gefühlsbewegung ergriffen, die während der Wochen von Israels Gefährdung und Isolierung vor dem Sechs-Tage-Krieg und anläßlich des raschen und sensationellen Sieges, der darauf folgte, die ganze jüdische Welt durchzog. Eine wachsende Zahl von russischen Juden beantragte eine Genehmigung zur Ausreise nach Israel und war bereit, sogar den ihr zur Abschreckung von den Behörden auferlegten Strafen Trotz zu bieten. Die sowjetische Regierung ließ zunächst einige Juden im Rahmen der Familienzusammenführung ausreisen, in der Hoffnung, daß der innere und äußere Druck bald nachlassen würde. In Wirklichkeit jedoch schwoll die Bewegung an. In den siebziger Jahren verließen mehr als 200 000 Juden trotz aller ihnen in den Weg gelegten Schwierigkeiten die Sowjetunion, und drei Viertel von ihnen ließen sich in Israel nieder. Eine viel größere Zahl wartet noch auf eine Ausreisemöglichkeit. Ihr Ausreiserecht wurde zu einer internationalen Frage.

Nach 1980 verebbte der Strom der Juden, denen es gestattet wurde, die UdSSR zu verlassen, zu einem relativ kleinen Rinnsal. Von denen, die herauskamen, entschieden sich die meisten für die Auswanderung in die Vereinigten Staaten. Jedoch beweist der Zustrom russischer Juden nach Israel in den siebziger Jahren, wie stark das zionistische Ideal, das vor vielen Generationen junge Pioniere aus dem zaristischen Rußland in das von Türken beherrschte Palästina trieb, immer noch ist.

Anhang

Zeittafel

Das Land Israel im Altertum v. Chr.

Der Auszug aus Ägypten	ca. 1250
Die Zeit der Richter	ca. 1200–1030
Das Vereinigte Königreich (Saul, David, Salomo)	1030–931
Das Nordreich Israel	931–721
Das Südreich Juda	931–587
Die Rückkehr aus Babylonien	538–
Judäa unter ptolemäischer (ägyptischer) Herrschaft	301–197
Judäa unter seleukidischer (syrischer) Herrschaft	197–142
Beginn des Aufstands der Makkabäer	167
Hasmonäische Dynastie	167–37
Herodes der Große	37–4

	n. Chr.
Zerstörung Jerusalems durch die Römer	70

Die zionistische Bewegung vor der Mandatszeit

Moses Hess: *Rom und Jerusalem*	1862
Pinsker: *Auto-Emanzipation*	1882
Beginn der Hibbat-Zion-Bewegung	1882
Bilu (Erste Einwanderungswelle)	1882
Herzl: *Der Judenstaat*	1896
Erster Zionistischer Kongreß in Basel; Gründung der Zionistischen Organisation	1897
Herzl trifft in Jerusalem mit dem deutschen Kaiser zusammen	1898
Das gescheiterte El-Arish-Projekt	1901
Gründung des Jüdischen Nationalfonds	1901

Herzls Verhandlungen mit dem Sultan	1901–1902
Das Uganda-Projekt spaltet den Zionistischen Kongreß	1903
Tod Herzls	1904
Zweite Einwanderungswelle	1904–1914
Gründung von Tel Aviv	1909
Gründung Deganias (des ersten Kibbuz)	1909
Balfour-Deklaration	1917
Palästinafeldzug Allenbys	1917–1918
Treffen zwischen Weizmann und Feisal	1918
Pariser Friedenskonferenz	1919
Großbritannien übernimmt das Palästina-Mandat	1920

Die Mandatszeit

Dritte Einwanderungswelle	1919–1932
Gründung der Histadrut und der Haganah	1920
Arabische Aufstände	1920–1921
Churchills Weißbuch – Abtrennung von Transjordanien	1922
Arabische Aufstände	1929
Passfields Weißbuch; das Schreiben MacDonalds	1920–1931
Zustrom deutsch-jüdischer Flüchtlinge	1933–1936
Teilungsplan der Peel-Kommission	1937
Flüchtlingskonferenz von Evian	1938
MacDonalds Weißbuch	1939
Ausbruch des Zweiten Weltkriegs	1939
Der Holocaust der Nazis – sechs Millionen Juden werden ermordet	1943–1945
Wahl einer Labour-Regierung in Großbritannien	1945
»Illegale« Einwanderung und Verstärkung des jüdischen Widerstands in Palästina	1945–1947
Anglo-amerikanische Untersuchungskommission	1946
UN-Teilungsbeschluß, 29. November	1947
Beendigung des Mandats, 15. Mai	1948

Der Staat Israel

Unabhängigkeitserklärung, 14. Mai	1948
Arabische Invasion Israels, 15. Mai	1948
Unabhängigkeitskrieg	1948–1949
Waffenstillstandsvereinbarungen	1949
Israels Aufnahme in die Vereinten Nationen	1949
Masseneinwanderung	1948–1955
Sinaifeldzug	1956
Sechs-Tage-Krieg	1967
UN-Sicherheitsrat-Resolution, 22. November	1967
Nassers Abnützungskrieg	1969–1970
Beginn der russisch-jüdischen Einwanderungswelle	1970
Jom-Kippur-Krieg	1973
Abschluß eines Truppenentflechtungsabkommens mit Ägypten, Januar	1974
Truppenentflechtungsabkommen mit Syrien, Juli	1974
Ägyptisch-israelisches Interimsabkommen, September	1975
Camp-David-Abkommen, September	1978
Ägyptisch-israelischer Friedensvertrag, März	1979
Wahlen zur Knesset; Bestätigung der Regierung Begins	1981
Beginn der Aktion »Frieden für Galiläa«, Juni	1982
Reagans Friedensinitiative, September	1982
Arabische Gipfelkonferenz in Fez, September	1982
Israelisch-libanesisches Abkommen, Mai	1983

DAS BRITISCHE MANDAT, 1922

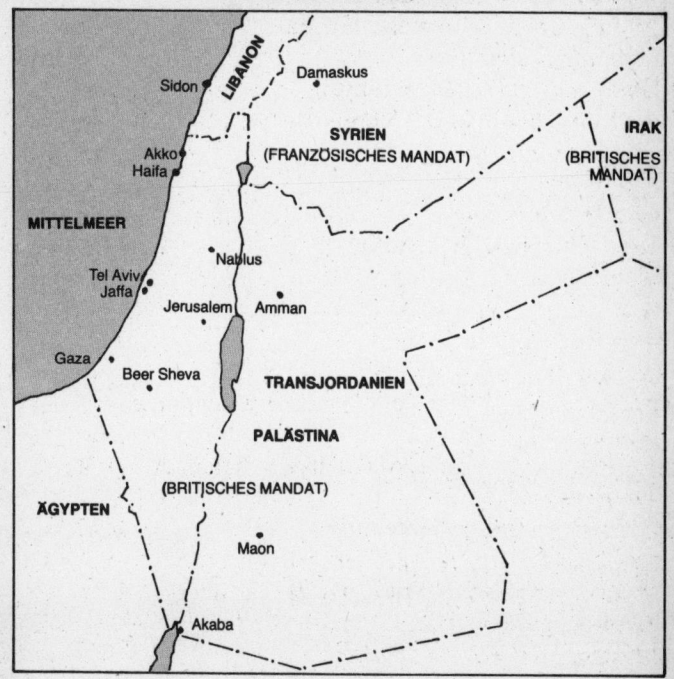

UNSCOP-TEILUNGSPLAN, 1947

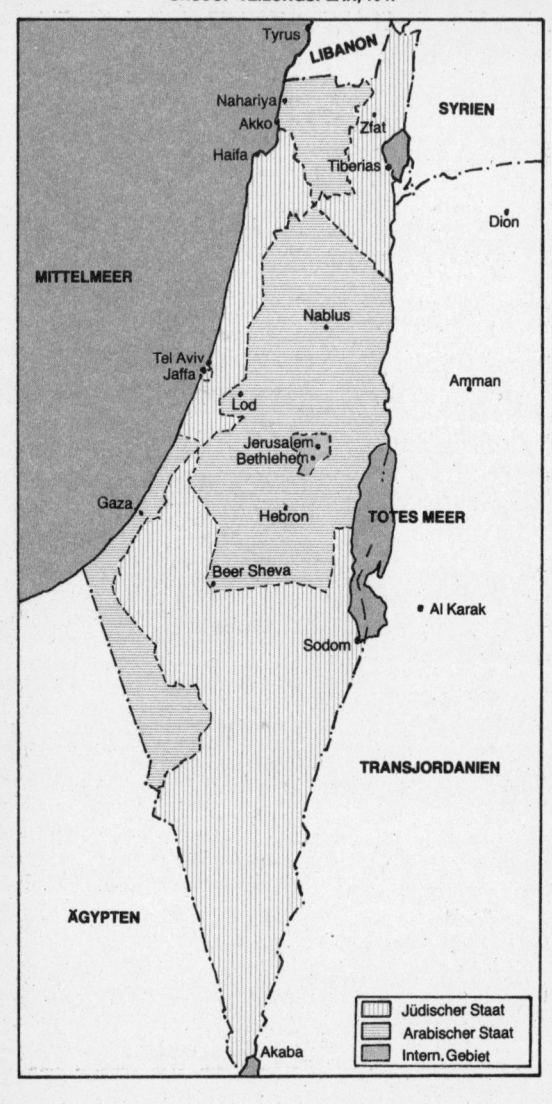

WAFFENSTILLSTANDS-LINIEN 1949

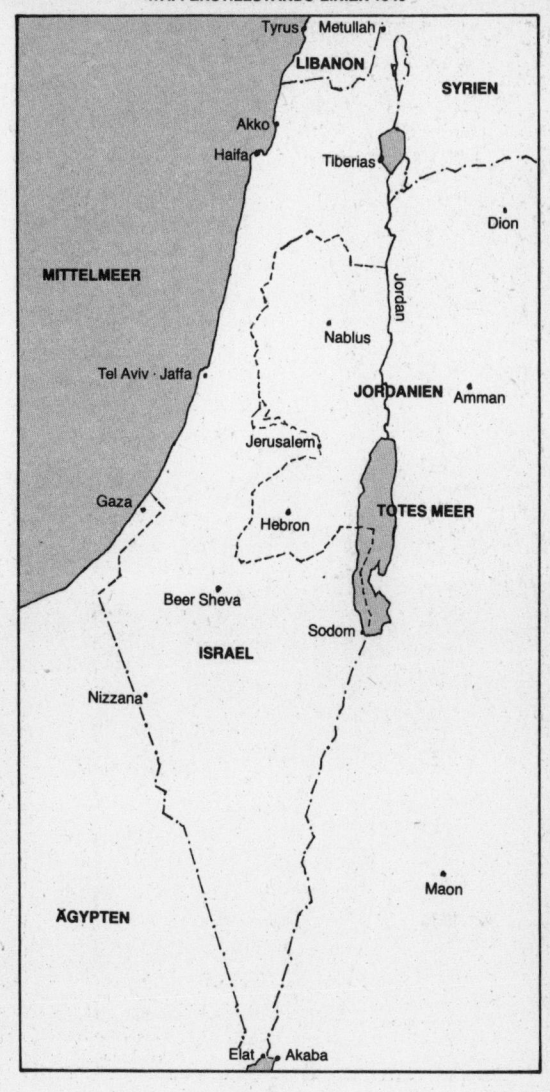

LAGE ZU BEGINN DES JAHRES 1983

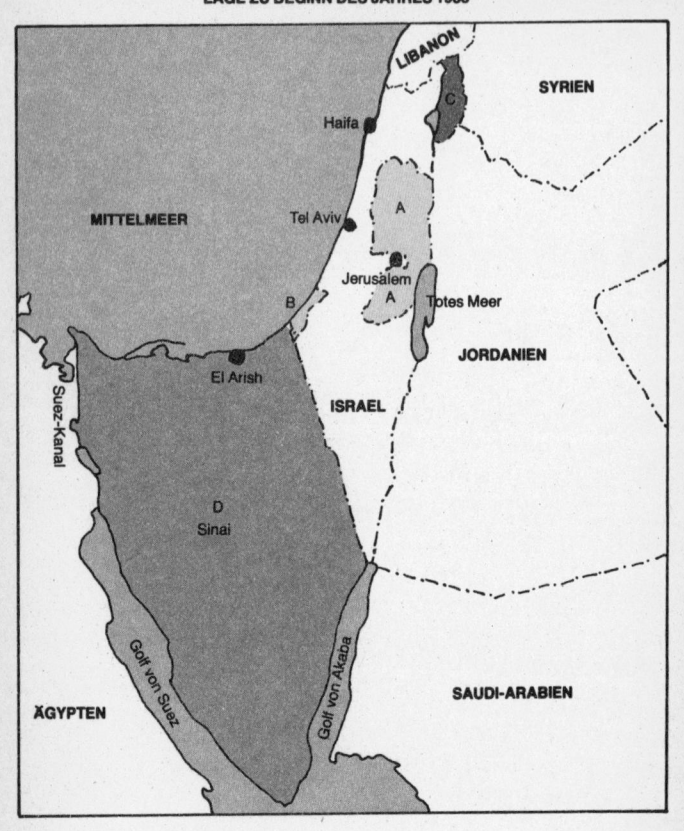

A-B — Gebiete unter israelischer Verwaltung mit Autonomie. Vorschlag: A: Judäa und Samaria – B: Gaza-Streifen

C — Golan-Höhen

D — Von Israel geräumte, an Ägypten zurückgegebene Sinai-Halbinsel. Auf dieser Karte sind die israelischen und sonstigen nicht-libanesischen Streitkräfte, die aus dem Libanon abgezogen werden sollten, nicht berücksichtigt.